Berchtesgadener Land

W0245329

Heinrich Bauregger

Bergwanderungen im Berchtesgadener Land

Auswahlführer
für die Gebiete rund um Berchtesgaden
und Bad Reichenhall

BERGVERLAG RUDOLF ROTHER GMBH · MÜNCHEN

Umschlagbild:
Die Ramsauer Kirche im Tal der Ramsauer Ache

Sämtliche Fotos vom Autor

Kartenskizzen: Gertrude und Wilhelm J. Wagner

Die Ausarbeitung aller in diesem Führer beschriebenen Anstiege
und Routen erfolgte nach bestem Wissen und Gewissen des Autors.
Die Benützung dieses Führers geschieht auf eigenes Risiko. —
Soweit gesetzlich zulässig, wird eine Haftung für etwaige Unfälle
und Schäden jeder Art aus keinem Rechtsgrund übernommen.

Alle Rechte vorbehalten
Bergverlag Rudolf Rother GmbH, München
2. Auflage 1989
ISBN 3-7633-4091-2

Gesamtherstellung Rother Druck GmbH, München
(2253/9171)

Vorwort

Die Landschaft des Berchtesgadener Landes nach nun über 150 Jahren der touristischen Entdeckung noch anpreisen zu wollen, wäre wohl ein müßiges Unterfangen. Der Markt Berchtesgaden ebenso wie die Kurstadt Bad Reichenhall sind – und das unübersehbar – vom Fremdenverkehr geprägt. Wer würde diese Bilder auch nicht kennen: Berchtesgaden mit dem Watzmann, der Königssee mit St. Bartholomä, das Ramsauer Kircherl mit der Reiter Alm, Bad Reichenhall mit dem Kurpark.
Vertraute Bilder also – die ein leichtes Wiedererkennen versprechen. Was diesen Teil der Alpen allerdings von anderen schönen Landschaften unterscheidet, ist die Tatsache, daß er durch den Tourismus nicht verunstaltet worden ist – noch nicht. Nicht zu Unrecht hat man ein umfangreiches Gebiet des Berchtesgadener Landes zum Alpenpark erklärt – wenn auch mit zahlreichen Kompromissen an die Land- und Forstwirtschaft. Diese Tatsache soll die Schutzwürdigkeit deutlich unterstreichen und helfen, einer möglichen Zerstörung vorzubeugen.
Die frühere Abgeschlossenheit Berchtesgadens in geographischer wie auch in politischer Hinsicht hat dort eine Kultur entstehen lassen, die bis auf den heutigen Tag seine Charakteristik erhalten hat. Ein gelebtes Brauchtum – an dem auch der Besucher teilhaben kann – bestimmt zum Teil noch heute den jahreszeitlichen Ablauf, wenngleich der Übergang zum Folklorekitsch manchmal schon fließend ist.
Im Gegensatz zum eigentlichen Berchtesgadener Gebiet hat der Reichenhaller Talkessel eine bereits mehrtausendjährige Geschichte aufzuweisen. Wie schon der Name vermuten läßt, hat auch Reichenhall seinen ursprünglichen Reichtum dem Salz zu verdanken. Und bereits im Mittelalter waren diesem lebhaften Ort die Stadtrechte zuerkannt worden. Als im Jahre 1866 Reichenhall und dann 1888 Berchtesgaden einen Anschluß an das Eisenbahnnetz erhielten, begann allerdings erst — nachdem bereits die bayerischen Könige Berchtesgaden zu ihrem Sommersitz gewählt hatten — der Fremdenverkehr im heutigen Sinne. Heute durchziehen zahlreiche Wanderwege und Bergsteige die insgesamt neun Gebirgsstöcke in den Berchtesgadenern sowie auch deren nördlichen Anschluß, die Chiemgauer Alpen. Den Konditionsärmeren unterstützen dabei einige Lifte und Seilbahnen. Bewirtschaftete Almen und Ausflugsgaststätten finden sich an vielen Wegen und laden zum Verweilen ein. Unübersehbar prägen jedoch auch heute noch Land- und Forstwirtschaft dieses Land. Für jene, die es für sich entdecken wollen, soll dieses Buch ein kleiner Anreger sein.

München, im Winter 1989   Heinrich Bauregger

Inhaltsverzeichnis

Touristische Hinweise

Gebrauch des Führers

Das Inhaltsverzeichnis informiert über den Aufbau des Buches und gibt einen Überblick über alle nachstehend beschriebenen Wanderwege. Innerhalb eines Tourenvorschlags findet man wichtige Informationen zunächst in Form eines Steckbriefs. Es folgt eine kurze Charakterisierung, sodann eine kurze Beschreibung des entsprechenden Weges. Ergänzt wird der Text durch eine mehrfarbige Wanderkarte mit eingezeichneter Route und ein Farbbild. Wichtiger Bestandteil des Führers ist das Stichwortverzeichnis am Schluß. Hier sind alle behandelten Berggruppen, Talorte, Ausgangspunkte, Stützpunkte und Tourenziele angeführt. Es bereitet daher keine Schwierigkeit, je nach eigenem Standort verschiedene Wandermöglichkeiten nachzuschlagen. Schließlich informiert eine Übersichtskarte über die Lage der behandelten Tourengebiete.

Schwierigkeit

Alle in diesem Führer beschriebenen Wege sind leicht und können mit festen Schuhen ohne vorbereitendes Training begangen werden. Trittsicherheit und Schwindelfreiheit sind jedoch an mehreren Routen erforderlich! Die meisten der hier vorgeschlagenen Touren eignen sich für Ungeübte, für ältere Leute oder für Familien mit Kindern.

Gefahren

Obwohl die meisten der hier angeführten Wanderungen gebahnten Wegen oder Straßen folgen, ist an einzelnen abrutschbereiten Stellen, bei Querung steiler Hänge oder im steinschlaggefährdeten Gelände Vorsicht am Platze.

Ausrüstung

Feste Schuhe mit Profilgummisohle, strapazierfähige Hose sowie Rucksack mit Pullover, Regenschutz, Anorak und kleinerem Tourenproviant (Wasserflasche!) sind bei den meisten Touren Voraussetzung.

Karten

Die den einzelnen Wandervorschlägen beigegebenen, mehrfarbigen Karten mit Routeneintragungen sind ein wesentlicher Bestandteil des Führers. Mit ihnen erübrigt sich die Mitnahme anderer Wander- und Spezialkarten.

Gehzeiten

Zeitangaben sind zwar reichlich bemessen, enthalten jedoch nur die *reine* Gehzeit. Es werden Anstiegs-, Abstiegs- und Gesamtgehzeit vermerkt. Bei Rundwanderungen oder längeren Touren sind auch Zeiten für einzelne Etappen angeführt.

Schutzhütten, Gaststätten, Restaurants

Im Abschnitt „Einkehrmöglichkeiten" findet man alle an einer Wanderroute gelegenen, zur Sommerzeit geöffneten Stützpunkte. Bei ihnen werden gegebenenfalls (bei länger dauernden Touren) Nächtigungsmöglichkeit und Bewirtschaftungszeit angegeben.

Künstliche Aufstiegshilfen

Von Stützpunkten, die mit Seil- oder Sesselbahn erreichbar sind, werden einige Wanderungen im Abstieg beschrieben. Man beachte, daß diese Anlagen oft nur während der Sommermonate Juli, August und September in Betrieb sind. In der übrigen Zeit können solche Tourenziele bzw. Ausgangspunkte nur zu Fuß erreicht werden.

Ausgangspunkte

Bei allen Tourenvorschlägen wurden die vorhandenen Parkmöglichkeiten angegeben. Oft sind diese aber recht begrenzt. Es empfiehlt sich daher – auch aus Gründen des Umweltschutzes – die öffentlichen Bus- bzw. Bahnverbindungen zu nutzen. Ideale Ausgangspunkte sind daher die Hauptbahnhöfe von Bad Reichenhall und Berchtesgaden. Nahezu alle Buslinien des RVO (Regionalverkehr Oberbayern) starten bzw. enden dort.

Radltouren

Einige der hier vorgeschlagenen Touren können auch – z. T. mit einigen Varianten – als Radltouren unternommen werden, es handelt sich dabei um die Nummern 3, 5, 38, 39 und 47.

Abkürzungen

bew.	=	bewirtschaftet	m	=	Meter
bez.	=	bezeichnet	mark.	=	markiert
ganzj.	=	ganzjährig geöffnet	Mark.-Nr. =		Markierungsnummer
Ghs.	=	Gasthaus	Min.	=	Minuten
Kfz	=	Kraftfahrzeug	Std.	=	Stunde

Wissenswertes

Sehenswürdigkeiten

Bad Reichenhall, 470 m. Das „bayerische Meran", wie es manchmal auch genannt wird, kann auf eine weit zurückreichende Geschichte verweisen. Wesentlich geprägt wurde der Ort durch Salzfunde in seiner Umgebung und die infolgedessen entstandenen Sudhäuser, die zum Teil noch heute zu besichtigen sind. Bereits 1159 Stadterhebung. Seine heutige Bedeutung hat Reichenhall – das sich seit 1890 Bad und seit 1899 Staatsbad nennen darf – allerdings der Verwendung von Sole zu Heilzwecken zu verdanken (seit 1710). Das Stadtbild ist noch heute stark von seiner Altstadt auf der einen und der Kurstadt auf der anderen Seite geprägt. Sehenswert sind besonders die alte Saline mit dem Hauptbrunnhaus, das Gradierhaus und der Kurpark, das Florianiviertel, der Rathausplatz, die St. Nikolauskirche, die Spitalkirche das Münster St. Zeno, die Burg Gruttenstein, der ehemalige Getreidestadel (jetzt Heimatmuseum), die St. Ägidikirche, die Reste der alten Stadtmauer. Da der Kurort von Bergen umschlossen in einem windgeschützten Talkessel liegt, weist er ein sehr mildes Klima auf, das sich besonders zu Erholungszwecken eignet.

Das Hauptbrunnhaus der alten Saline in Bad Reichenhall.

Blick auf Berchtesgaden, im Zentrum die alte Stiftskirche.

Berchtesgaden, 573 m. Der Markt und ehemalige Sitz des Fürstpropstes kann als das Zentrum des Berchtesgadener Landes angesehen werden. Die Anlage des Ortes ist allerdings nicht so geschlossen wie die von Bad Reichenhall – doch für den Fußgänger gibt es eine Anzahl von gut angelegten Wegen. Er ist ebenfalls heilklimatischer Kurort und idealer Ausgangspunkt für viele Wanderungen und Bergtouren in die Berchtesgadener Alpen. Das alte Berchtesgaden ist noch in vielen Bereichen erhalten. Vor der Gründung des Augustiner-Chorherrenstifts, um das Jahr 1100, war dieses Tal nur spärlich besiedelt. Nach vielen Streitereien wurde das Stift säkularisiert und kam nach wechselnder Zugehörigkeit im Jahre 1810 an das neu geschaffene Königreich Bayern. Das war das Ende seiner selbständigen Geschichte. Empfehlenswert ist der Besuch des ehemaligen Chorherrenstifts mit seinem romanischen Kreuzgang, die Stiftskirche St. Peter und Johannes ebenfalls aus dem 12. Jahrhundert, eine romanische Basilika, die Pfarrkirche St. Andreas im Barockstil, das Salzbergwerk, die königliche Villa (innen auch das Deutsche Wappenmuseum), das Heimatmuseum im Schloß Adelsheim, das berühmte Bauerntheater, Töpferei, Kristallglasschleiferei und Enzianbrennerei (seit 1620).

Bischofswiesen, 614 m. Die flächenmäßig zweitgrößte Gemeinde Bayerns. Heilklimatischer Kurort. Dichtes Wandernetz in der Umgebung mit den Ortsteilen Stanggaß, Strub, Engedey, Winkl und Loipl. Sehenswert: die Grenzbefestigung aus dem 12. Jahrhundert am Paß Hallthurm, die Wallfahrtskirche in Loipl aus dem Jahre 1799.

Am Bootsanlegeplatz in Königssee, im Hintergrund der Grünstein.

Marktschellenberg, 479 m. Ehemaliger Salzsiedeort, Saline allerdings seit 1805 aufgelassen. Malerisches Ortsbild, gotische Kirche.

Maria Gern, 730 m. Bäuerliche Gemeinde am Südostfuß des Untersberg. Barocke Wallfahrtskirche aus dem Jahre 1724 mit bemerkenswerter Innenausstattung, das Gnadenbild stammt aus dem Jahre 1666.

Ramsau, 670 m. An der Ramsauer Ache gelegener malerischer Ort mit Barockkirche. Der Dichter des Weihnachtsliedes „Stille Nacht, heilige Nacht", Joseph Mohr, war hier Prediger. Etwas außerhalb die spätbarocke Wallfahrtskirche Mariä Himmelfahrt (Kunterweg-Kirche). Bergkurgarten.

Königssee, 602 m. Ort am Nordufer des gleichnamigen Sees mit Hotels und Gaststätten sowie Bootshäusern und Bootsstegen. Die 1918 abgebrannten Anlagen wurden nahezu historisch getreu wieder aufgebaut.

Piding, 457 m. Luftkurort. Sehenswert die romanische Laurentiuskirche und die Liebfrauenkirche aus dem 18. Jahrhundert. Im Ortsteil Mauthau-

12

sen, am Fuß des Hochstaufen, Schloß Staufeneck; dieser aus einer mittelalterlichen Burg hervorgegangene Bau ist gänzlich erhalten und kann besichtigt werden. Im Innern gut erhaltener Wehrgang und Folterkammer. Früher Sitz des Pfleggerichts Staufeneck und Plain, heute Museum.

Ruine Plainburg, 634 m. Auf der österreichischen Seite liegende Überreste einer Burg; sie zählt zu den ältesten Festungen in Österreich. Durch kleinen Spaziergang von Bayerisch Gmain oder mit dem Auto erreichbar.

Burg Gruttenstein, etwa 520 m. Die auf einer kleinen Anhöhe oberhalb von Bad Reichenhall errichtete Festung stammt aus der Zeit um 1200. Mehrmals ausgebrannt und wieder aufgebaut. Bis 1763 wohnte dort der herzogliche bzw. kurfürstliche Pfleger von Bad Reichenhall; danach Sitz einer Garnison, heute Wohnung für die Familien der Salinenarbeiter.

Marzoll, 485 m. Kleiner historischer Ort mit Überresten aus der Römerzeit. Weiterhin sehenswert die Wallfahrtskirche St. Valentin aus dem Jahre 1142 und das Schloß Marzoll aus dem 13. Jahrhundert.

Karlstein, 465 m. Zwischen Bad Reichenhall und Thumsee gelegene Ortschaft mit dem von weither sichtbaren Pankrazkircherl, das zwischen 1706 und 1708 im italienischen Barockstil erbaut wurde (bemerkenswerte Innenausstattung; nur bei Gottesdiensten geöffnet). – Auf dem Nachbarfelsen befindet sich die Ruine der mittelalterlichen Burg Karlstein. Der Bau stammt ursprünglich aus dem ausgehenden 12. Jahrhundert. Die Burg wurde nicht durch äußere Einwirkung zerstört, sondern seit dem Ende des 17. Jahrhunderts allmählich dem Verfall preisgegeben. Die Reste sind auf einer kleinen Wanderung von Karlstein aus zu besichtigen (siehe auch Tour 3).

Ausflugsziele

Die hier kurz beschriebenen Ausflugsziele sind nicht nur zu Fuß zu erreichen, sondern werden in erster Linie mit dem Auto, einer Seilbahn oder einem Lift sowie mit Booten angefahren. Es handelt sich dabei um Aussichtspunkte, die landschaftliche Schönheiten besonders eindrucksvoll zeigen.

Padingeralm, 669 m. Ausflugsgaststätte in aussichtsreicher Lage am Südfuß des Hochstaufen. Auffahrt mit dem Auto über Kretabrücke, Nonner Straße. Parkmöglichkeit. Oder mit Stadtbus bis Nonn, dann 1 Std. zu Fuß.

Gasthaus Listwirt, etwa 580 m. Ausflugsgaststätte auf dem Wanderweg zum Listsee, am Südfuß des Hochstaufen. Mit dem Auto von Bad Reichenhall über Kretabrücke und Nonner Straße erreichbar.

Berggasthof Schroffen, etwa 520 m. Ausflugsziel auf der Ostseite des Kirchbergs mit herrlichem Blick auf Bad Reichenhall. Anfahrt über Luitpoldbrücke, dann links und an der Talstation der Predigtstuhlbahn vorbei und über eine kurze steile Bergstraße zum Gasthof. Von dort Wanderung zur Reischelklamm (¹/₂ Std.) und Kuglbachalm (³/₄ Std.) bzw. Bürgermeisterhöhe (Aussichtspunkt) möglich.

Gasthaus und Café Kibling, 486 m. Reizend gelegenes Kurzwanderziel von Bad Reichenhall, auch Anfahrt mit dem Auto möglich, am Nordostende des Saalach-Stausees.

Hotel Predigtstuhl, 1607 m, und *Rasthaus Schlegelmulde,* etwa 1600 m. Mit der Kabinenseilbahn von Bad Reichenhall-Kirchberg erreichbare Berggasthäuser auf dem Predigtstuhl.

Gasthaus Mauthhäusl, etwa 650 m. Ausflugsgaststätte an der Deutschen Alpenstraße zwischen Weißbach und Schneizlreuth; Tiefblick in die Weißbachschlucht (siehe Tour 49).

Gasthaus Reiter Luck, 510 m. Ausflugsgaststätte im Ortsteil Fronau der Gemeinde Schneizlreuth. Das Gasthaus liegt oberhalb der Saalach nahe der großen Steinbrücke. Anfahrt mit dem Auto möglich (siehe Tour 5).

Gasthaus Kuglbachalm, 650 m. In kurzer Wanderung von Karlstein oder von der Berggaststätte Schroffen erreichbar; es liegt auf der Nordseite des Müllnerhorns. 30 Minuten Gehzeit.

Zeppezauerhaus, 1668 m. Auf dem Nordhang des Geierecks auf dem Untersberg gelegene aussichtsreiche Alpenvereinshütte. Von der Bergstation der Seilbahn St. Leonhard – Geiereck in einer Viertelstunde zu erreichen.

Kastensteinalm, 780 m. Auf der Kastensteinhöhe oberhalb von Bischofswiesen gelegene Ausflugsgaststätte mit beeindruckenden Blicken auf die Berchtesgadener Bergwelt. Anfahrt mit dem Auto möglich (siehe Tour 11).

Gasthaus Stiedlerlehen, 900 m. Oberhalb von Hintergern auf der Südseite des Untersbergs gelegenes Ausflugsziel. Von Hintergern in einer Viertelstunde zu Fuß erreichbar.

Gasthaus Mesnerwirt in Ettenberg, 832 m. Neben der Wallfahrtskirche situierte Wirtschaft mit freien Ausblicken nach Osten. Im Hintergrund die Kulisse der Untersberg-Südabstürze, ganzjährig geöffnet (siehe Tour 19).

Almwirtschaft Dürrlehen, 850 m. Auf dem Weg zur Almbachklamm gelegene Gaststätte in Hintergern. Zufahrt mit dem Auto möglich.

Das Wahrzeichen der Berchtesgadener Alpen, der Watzmann mit Frau und Kindern – von Stanggaß aus gesehen.

Gasthaus Köpplschneid, 930 m. In herrlicher Umgebung oberhalb von Marktschellenberg gelegene Ausflugsgaststätte. Zu Fuß in 45 Min. von Marktschellenberg oder auch mit dem Auto erreichbar.

Roßfeld, 1537 m. Auf diesem bayerisch-österreichischen Grenzkamm – dem Nordostausläufer des Hohen Göll – verläuft die bereits vor dem zweiten Weltkrieg begonnene und nach dem Krieg vollendete Höhenringstraße (Mautstraße). Von zahlreichen Aussichtspunkten Tiefblicke auf das Berchtesgadener Land auf der einen, das Salzachtal und das Tennengebirge auf der anderen Seite. Einige Ausflugsgaststätten unterwegs: Oberahornalm unterhalb des höchsten Punktes des Roßfeldkammes, des Ahornbüchsenkopfes, 1604 m, sowie die Roßfeld-Skihütte, 1550 m; beide sind ganzjährig geöffnet.

Gasthaus Zinkenkopf, 1300 m. Vom Parkplatz bei der Mautstelle der Nordauffahrt der Roßfeld-Höhenringstraße in 1 Std. erreichbare Ausflugsgaststätte mit Blick auf das Salzachtal und das Tennengebirge. Knapp unterhalb des Ausgangspunkts befindet sich das Pechlhäusl, das höchstgelegene Bauernhaus des Berchtesgadener Landes, auf einer Höhe von 1100 Metern.

Blick von der Hochalm aufs Schwarzeck, rechts im Hintergrund der Untersberg.

Gasthaus Zipfhäusl, 1000 m. Ausflugsgaststätte am Ramsauer Höhenweg. Zur Wanderzeit geöffnet. Auch mit dem Auto zu erreichen, an der Straße zum Hochschwarzeck.

Café Lockstein, 687 m. Bis auf die Wintermonate geöffnete Gaststätte mit Aussichtsterrassen und Tiefblick auf den Berchtesgadener Talkessel. Mit dem Auto über die Locksteinstraße zugänglich. Zu Fuß vom Rathausplatz oder vom Schloßplatz auf bezeichnetem Weg von Berchtesgaden.

Hirschkaser, 1385 m. Berggaststätte auf dem Toten Mann. Mit der Hirscheck-Seilbahn direkt erreichbar. Ganzjährig geöffnet. Prächtige Aussicht auf Hochkalter und Watzmann.

Hintersee, 789 m. Zwischen Reiter Alm und Hochkalter eingebetteter See mit einigen Gasthäusern und Hotels sowie schönen Wandermöglichkeiten. Rundwanderung um den See auf angelegten Wegen. Spaziergang durch den Zauberwald. Von Ramsau mit Bus, Auto oder zu Fuß erreichbar.

Taubensee, 873 m. Zwischen Ramsau und Schwarzbachwacht im Wald versteckter kleiner See. Der Taubensee ist als Feuchtbiotop ein „Natur-Denkmal"; er ist ein typischer Karstwassersee mit unterirdischer Quellen-speisung und „interessanter" Verlandung – d.h. der Boden ist ideal für zahlreiche seltene Pflanzen und Gräser, überdies liefert er den Laichboden für viele Amphibien. Der See selbst ist nicht zugänglich. Dreiviertel-Rundwanderung vom „Wachterl" oder vom Parkplatz Taubensee in 1¼ Std.

Hoher Göll und Hohes Brett von Westen.

Gasthaus Graflhöhe, 1000 m. Aussichtspunkt mit Gaststätte am Obersalzberg, ganzjährig geöffnet. Mit dem Auto über die Obersalzberg- und Scharitzkehlstraße zu erreichen; oder mit der Obersalzbergbahn bis zur Bergstation, dann noch eine Viertelstunde Fußweg. Auch vom Bahnhof in Berchtesgaden zu Fuß in $1^1/_2$ Std.

St. Bartholomä am Südufer des Königssees, links dahinter die Archenwand mit der Archenkanzel.

Alpengasthaus Hochlenzer, 950 m. Ausflugsgaststätte am Lindeweg am Obersalzberg. Zu Fuß von Berchtesgaden oder mit dem Auto über Obersalzberg- und Scharitzkehlstraße oder mit Obersalzbergbahn (von dort ¼ Std. zu Fuß) zu erreichen.

Scharitzkehlalm, 1042 m. Berggasthof am Fuß des Hohen Göll. Beeindruckende Bergkulisse. Ganzjährig geöffnet. Mit Bus und Auto oder mit der Obersalzbergbahn und kleiner Wanderung in 40 Min. zu erreichen; ebenfalls von der Jenner-Mittelstation in einer 50minütigen Wanderung.

Alpengaststätte Vorderbrand, 1070 m. Schöngelegene Aussichtsstelle oberhalb von Königssee. Von der Jenner-Mittelstation in 20 Minuten oder mit Bus oder Auto bis Hinterbrand und dann einige Minuten zu Fuß. Ebenfalls zu Fuß über Faselsberg von Königssee oder Berchtesgaden in etwa 2 Std. erreichbar.

Kehlsteinhaus, 1837 m. Ehemaliges Diplomatenhaus Hitlers („Adlerhorst") auf dem Kehlstein. Nur zu Fuß (siehe Tour 22) oder mit Bus zu erreichen. Abfahrt: Mit dem Bus oder dem Auto bis zum Parkplatz Obersalzberg (Nähe Platterhof), von da über die Kehlsteinstraße (1937 – 1939 erbaut) mit

Bus in weiten Kehren bis zum Wendeplatz, dann mit dem Aufzug im Berginneren oder in wenigen Minuten zu Fuß zum Haus. Kurzer gesicherter Steig auf dem Kamm. Herrliche Ausblicke auf den gesamten Berchtesgadener Raum. Keine Übernachtung, nur Restaurationsbetrieb. Geöffnet von Mai bis Oktober.

Jenner-Aussichtsplattform, 1874 m. Knapp unterhalb des Jennergipfels bietet sich eine enorme Aussicht auf den Königssee, alle umliegenden Berggruppen und natürlich besonders auf den Watzmann und den Berchtesgadener Talkessel. Von der Jenner-Bergstation in einer Viertelstunde zu Fuß zu erreichen. Bei der Bergstation auch Restaurant mit Terrasse. Bis auf wenige Wochen ganzjährig geöffnet.

Mitterkaseralm, 1705 m. In einer Mulde unterhalb der Jenner-Bergstation gelegene Aussichts- bzw. Ausflugsgaststätte. Einige Monate im Winter sowie den ganzen Sommer und den Herbstanfang geöffnet.

St. Bartholomä, 605 m. Aus Schutt gebildete Halbinsel im Königssee am Fuß der Watzmann-Ostwand. Alter Wallfahrtsort (Ziel der Wallfahrer aus dem Pinzgau über das Steinerne Meer) mit Kirche und Wirtshaus (ehemaliges Jagdschloß), der nur mit Booten oder auf langen Bergwanderungen zu erreichen ist.

Saletalm, 600 m. Am Südufer des Königssees gelegene Ausflugsgaststätte. Nur in der Zeit der Königsseeschiffahrt bewirtschaftet. In wenigen Minuten von der Bootsanlegestelle Saletalm erreichbar.

Bademöglichkeiten

Neben den zahlreichen Schwimmhallen und Freibädern gibt es im Berchtesgadener Land auch einige Seen und Weiher, in denen das Baden gestattet ist.

Thumsee, 520 m. Idyllisch gelegener Gebirgssee auf der Strecke von Bad Reichenhall nach Inzell. Badeanstalten und Gasthäuser am Nordende des Sees. Liegewiesen.

Höglwörther See, 540 m. Anfahrt über Piding, Aufham und Anger zum See mit dem ehemaligen Augustiner-Chorherrenstift.

Aschauer Weiher, 650 m. Bei Bischofswiesen gelegene große Badeanlage. Anfahrt über Lockensteinstraße oder Stanggaß.

Königssee, 602 m. Gilt als das reinste Seegewässer Deutschlands.

1 Hochstaufen, 1771 m

Gipfelziel Nummer eins im Reichenhaller Becken

Padingeralm — Bartlmahd — Reichenhaller Haus — Hochstaufen; evtl. auch Abstieg über die „Stoanern Jager"

Talort: Bad Reichenhall, 472 m, Kreisstadt. Bayerisches Staatsbad mit Sole-Heilquellen. Klimatisch günstig gelegener Ort im Saalachtal (siehe Seite 10).
Ausgangspunkt: Padingeralm, 667 m. Ausflugsgaststätte an den Südhängen des Hochstaufen. Von Bad Reichenhall über Fahrstraße erreichbar.
Parkmöglichkeit: Parkplätze im Bereich des Ausgangspunktes.
Gehzeiten: Padinger Alm — Bartlmahd — Hochstaufen-Gipfel 3 Std.; Abstieg über die Bartlmahd 2 Std., über die „Stoanern Jager" 2½ Std.; wer von Bad Reichenhall zu Fuß zur Padingeralm gehen will, muß für den einfachen Weg noch 1 Std. hinzurechnen.
Anforderungen: Der Anstieg über die Bartlmahd ist gut markiert und ohne jede Schwierigkeit; der Weg über die „Stoanern Jager" ist ebenfalls markiert und ein leichter Klettersteig mit einigen ausgesetzten Passagen.
Einkehrmöglichkeiten: Padingeralm und Reichenhaller Haus (Übernachtung, Anf. Mai bis Mitte Okt. bew.), knapp unterhalb des Hochstaufen-Gipfels in exponierter Lage.
Sehenswertes: Grandiose Rundsicht vom Gipfel.

Der Hochstaufen von Nordosten, links im Vordergrund Schloß Staufeneck.

Der Hochstaufen ist die schlechthin dominierende Berggestalt um Bad Reichenhall. Obwohl er von unten für den Wanderer eher abschreckend wirkt, ist er jedoch von allen Seiten auf unproblematischen Steigen zugänglich. Für den Wanderer ist allerdings nur der Anstieg über die Bartlmahd zu empfehlen, da bei allen anderen Routen in einigen Passagen Trittsicherheit und Schwindelfreiheit vorausgesetzt werden müssen. Da der Frühling im Reichenhaller Becken schon früh einsetzt und der Anstieg durch die Südseite verläuft, kann der Hochstaufen auch schon bald im Jahr angegangen werden.

Von der Padingeralm über die Bartlmahd zum Staufenhaus: Vom Parkplatz knapp unterhalb der Padingeralm in nordwestlicher Richtung (links) auf dem mit der Mark. H7 (rot mark.) bezeichneten Nonner Steig (zu Beginn noch Forststraße) bergan. Bei der ersten Weggabelung links halten (Beschilderung, der Steig verläßt hier die Forststraße) und immer durch Wald weiter hinauf, bis man nach etwa 2 Stunden die ehemaligen Almwiesen der Bartlmahd erreicht. Hier verzweigt sich der Weg erneut: links geht es weiter zur Zwieselalm (blau mark., 1¼ Std.), rechts führt der Weg steil hinauf zum Verbindungsgrat zwischen Mittel- und Hochstaufen. Vom Grat nun in östlicher Richtung auf bequemem und breitem Weg – zum Teil ein Stück unterhalb des eigentlichen Grates – in leichter Steigung hinüber zum Reichenhaller Haus. Von dort links hoch in wenigen Minuten zum Gipfel.

Abstieg: Für weniger Geübte auf dem Anstiegsweg; Trittsichere können auch über die „Stoanern Jager" wieder zum Ausgangspunkt zurückkehren.

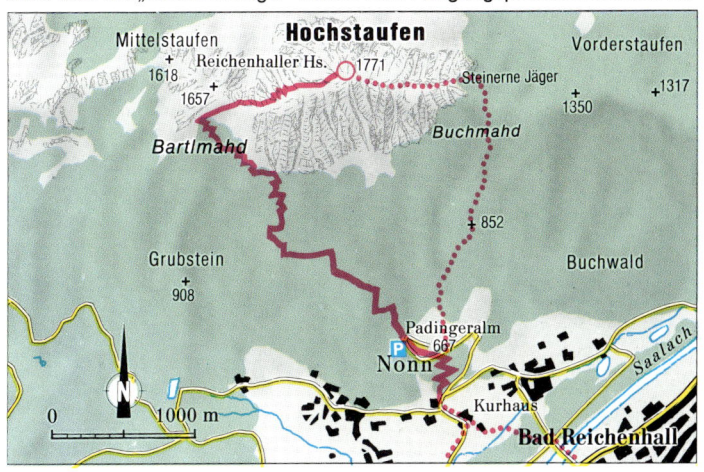

2 Zwiesel, 1782 m

Auf den weniger beachteten Nachbarn des Hochstaufen

Karlstein — Listsee — Zwieselalm — Zennokopf — Zwiesel; oder Zwieselalm — Gamsknogel — Zwiesel

Talort: Bad Reichenhall, 472 m, Kreisstadt. Bayerisches Staatsbad mit Sole-Heilquellen. Klimatisch günstig gelegener Ort im Saalachtal (siehe Seite 10).
Ausgangspunkte: Listwirt bzw. Schwaigerbauer am Zwieselweg in Karlstein.
Parkmöglichkeit: Beschränkte Parkmöglichkeiten im Bereich der Ausgangspunkte.
Gehzeiten: Listwirt bzw. Schwaigerbauer — Zwieselalm 2 Std., Zwieselalm —

Zwiesel 1½ Std. (jeweils), Abstieg 2 Std.
Anforderungen: Der Hüttenweg ist ein problemloses Unternehmen. Der Anstieg über den Zennokopf zum Zwieselgipfel ist leicht, der Pfad über den Gamsknogel erfordert Trittsicherheit.
Höchster Punkt: Zwiesel, 1782 m.
Einkehrmöglichkeiten: Zwieselalm, 1400 m (Kaiser-Wilhelm-Haus), Listwirt.
Sehenswertes: Außergewöhnliche Rundsicht.

Der Zwiesel ist der eher unauffällige Nachbar des Hochstaufen, doch er gehört zu den sehr populären Wanderbergen in der Reichenhaller Gegend. Er ist von allen Seiten unschwierig zu ersteigen, bietet einen Stützpunkt, der zum Verweilen einlädt, und bietet zudem herrliche Ausblicke auf die Chiemgauer Alpen ebenso wie auf das Reichenhaller Talbecken.

Auf dem Gipfel des Zwiesels – hier der vorgeschobene Zennokopf.

Vom Gasthaus Listwirt zur Zwieselalm: Auf dem breiten Wanderweg (Mark. N4/H2) zuerst in westlicher Richtung zum Listsee. Bei der Abzweigung am See nun entweder auf dem Steig rechts weiter und leicht ansteigend, bis man nach kurzer Zeit auf den von links heraufkommenden Zwieselweg (Mark. H2) trifft oder nach links zum Listanger (Holzstube) und dann rechts hoch (Beschilderung; gelb/orange mark.). (Hierher auch vom Parkplatz beim Schweigerbauer in Karlstein.) Auf der Forststaße in weiten Kehren höher. Bei der Einmündung der vom Jochberg heraufkommenden Forststraße biegt der Zwieselweg nun rechts ab und führt in steilen Serpentinen hinauf zur Zwieselalm.

Von der Zwieselalm zum Zwiesel-Gipfel: Hier bieten sich zwei Möglichkeiten an: der nach links führende Weg über den Gamsknogel ist den Schwindelfreien vorbehalten, wir dagegen nehmen den nach Norden führenden vielbegangenen Pfad, der über den Zennokopf (rechter Gipfel mit Kreuz) in einer Stunde zum Gipfel (linker Gipfel mit Kreuz) führt.

Rückkehr auf dem Anstiegsweg (Variante über Bartlmahd möglich, siehe Tour 1). Wer nicht zum Ausgangspunkt zurückkehren muß, kann auch nach Inzell-Adlgaß oder über Jochberg nach Weißbach an der Alpenstraße absteigen (jeweils 3¹/₂ Std.).

3 Listsee und Ruine Karlstein

Ein kleiner Waldsee und historische Spurensuche

Bad Reichenhall — Nonn — evtl. Padingeralm — Listwirt — Listsee — Ruine Karlstein und zurück

Talort: Bad Reichenhall, 472 m, Kreisstadt. Bayerisches Staatsbad mit Sole-Heilquellen. Klimatisch günstig gelegener Ort im Saalachtal (siehe Seite 10).
Ausgangspunkt: Parkplätze im Bereich der Innsbrucker Straße, in der Nähe der Bahnunterführung in Richtung Karlstein oder in Kirchberg.
Parkmöglichkeiten: siehe oben.
Gehzeiten: Bad Reichenhall — Listsee 1¼ Std.; Rückweg über die Ruine Karl-

stein in 1½ Std., insgesamt 2¾ Std.
Anforderungen: Leichte Wanderung auf zum größten Teil asphaltierten Wegen.
Höchster Punkt: Listsee, etwa 630 m, bzw. Padinger Alm, 667 m.
Einkehrmöglichkeiten: Padingeralm, Ghs. Neu-Meran, Listwirt (ab Spätherbst geschlossen), Café Meindlbauer.
Sehenswertes: Listsee und Blick auf das Reichenhaller Talbecken, Ruine Karlstein, Kircherl St. Pankraz.

Auf dieser Wanderung bewegen wir uns im Talbereich des Bad Reichenhaller Beckens, genießen die Ausblicke auf Untersberg und Predigtstuhl und schauen gelegentlich hinauf zu den Felsen des Hochstaufen. Der Listsee — auf den wir zur Halbzeit unserer Rundwanderung treffen — ist allerdings mehr ein großer Teich im Wald als ein tiefer Gebirgssee, für den man ihn vielleicht halten könnte. Auf dem Rückweg statten wir der schon stark verfallenen Ruine Karlstein einen Besuch ab. Bevor wir aber dies mittelalterliche Bauwerk erreichen, passieren wir auf unserem Weg eine vorgeschichtliche Siedlungsstätte, die bis ins dritte vorchristliche Jahrtausend zurückreicht (die Fundstücke sind im Reichenhaller Heimatmuseum ausgestellt).

Die Rundwanderung: Von einem der vielen Parkplätze im Stadtbereich Bad Reichenhall geht man in Richtung Karlstein, überquert dabei die Kretabrücke und schlägt an deren Ende den Weg nach Nonn ein. Auf dem Spaziergang parallel zur Straße nun bis zur Weggabelung beim Buchhof. Nun links – geht man rechts, so kann man einen Abstecher zur Padingeralm mitnehmen, der aber eine Stunde zusätzlicher Gehzeit erfordert – , immer der asphaltierten Straße folgend, in sanfter Steigung in westlicher Richtung hinauf. Bald tut sich dann der freie Blick auf den Bad Reichenhaller Talkessel auf. Nach etwa einer Viertelstunde erreicht man die Ausflugsgaststätte Listsee. Gleich dahinter verschluckt uns der Wald und präsentiert uns nach wenigen Minuten den kleinen Listsee. Nun nach links am östlichen „Seeufer" entlang und der Mark. N4 folgend bis zur Wegteilung am Listanger (Holzstube). Ein kurzes Stück auf der Forststraße geradeaus weiter, bis nach links der Jodlbauerweg (Mark. H2) abzweigt. Bald erreichen wir die ersten Bauernhöfe. Auf dem Langacker befand sich die vorhistorische Kultstätte, am Nordfuß der Felsen, auf denen die Ruine Karlstein und das Pankrazkircherl stehen, eine Siedlungsstätte aus eben dieser Zeit. Nach einem kurzen Abstecher zur Ruine gehen wir hinunter in den Ort Karlstein, und auf einem Weg durch die Wiesen kehren wir nach Bad Reichenhall zurück.

Blick über Bad Reichenhall-Kirchberg nach Nordwesten, links im Hintergrund das Pankrazkircherl.

4 Rund um das Müllnerhorn

Eine waldreiche Höhenwanderung

Kibling — Pflasterbachhörndl — Paul-Gruber-Haus — Kuglbachalm — Rückkehr über Bürgermeisterhöhe oder Abstieg nach Karlstein

Der Kuglbachbauer am Weg zum Paul-Gruber-Haus.

Talort: Bad Reichenhall, 472 m, Kreisstadt, bayerisches Staatsbad mit Sole-Heilquellen. Klimatisch günstig gelegener Ort im Saalachtal (siehe Seite 10)
Ausgangspunkt: Kibling, 490 m, am Saalach-Stausee.
Parkmöglichkeit: Auf dem Holzlagerplatz am Ortsanfang.
Gehzeiten: Kibling — Pflasterbachhörndl 2¹/₂—3 Std., Pflasterbachhörndl — Paul-Gruber-Haus 1—1¹/₂ Std.; Paul-Gruber-Haus — Kibling 1¹/₄ Std., Abstieg nach Karlstein ³/₄ Std.; insgesamt 5—6 Std.
Anforderungen: Bis zu den ehemaligen Almhöhen Ziehweg, im Gipfelbereich und bei der Gipfelumrundung zum größten Teil schmale Bergwege mit einzelnen ausgesetzten, stellenweise gesicherten Passagen.
Höchster Punkt: Pflasterbachhörndl, 1269 m.
Einkehrmöglichkeiten: Ghs. Kibling, Kuglbachalm, Ghs. Schroffen.

Aufstieg zum Pflasterbachhörndl: Vom Holzlagerplatz in Kibling führt der breite Ziehweg in südwestlicher Richtung rechts mäßig ansteigend durch Wald hinauf, bis man nach etwa zwei Stunden auf die ehemaligen, heute größtenteils bewachsenen Almböden trifft. Beschilderte Abzweigung in Richtung Gipfel. Der Weg führt rechts weg durch Blockwerk und alte Bäume und über Serpentinen bald ziemlich steil empor. Am Gipfelgrat angelangt, tun sich jähe Ausblicke nach der anderen Seite auf. Von dort in wenigen Minuten zum kreuzbesetzten Gipfel.

Abstieg zum Paul-Gruber-Haus: Vom Gipfel zurück zur Wegabzweigung. Nun rechts weiter ziemlich eben um die Südwestflanke des Berges herum – faszinierende Weitblicke auf Berchtesgadener Alpen und Loferer und Leoganger Steinberge. – Auf dieser Seite ist der Weg etwas ausgesetzt, doch ohne größere Probleme begehbar. Nach Erreichen des Sattels Richtung Norden zum Paul-Gruber-Haus.

Rückkehr nach Kibling bzw. Abstieg nach Karlstein: Vom Haus führt ein breiter und bequemer Weg hinab nach Karlstein – unterwegs besteht noch Einkehrmöglichkeit bei der Kuglbachalm. Knapp unterhalb der Alm zweigt ein Weg nach rechts ab, der uns über einen Sattel und die Bürgermeisterhöhe (M2) zurück zum Ausgangspunkt in Kibling bringt. Eine weitere Variante (M1) führt über die Reischelklamm zum Ghs. Schroffen und zurück (Abzweigung ¼ Std. unterhalb der Kuglbachalm nach rechts).

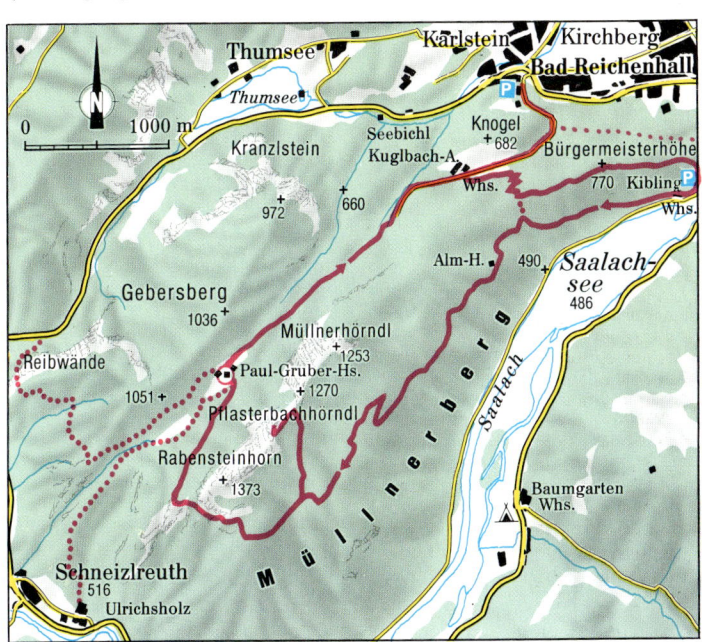

5 Die Nördliche Saalachtalrunde

Die Talrunde mit den verschiedenen Einstiegsmöglichkeiten

Kibling — Fronau — Unterjettenberg — Baumgarten — Kibling

Talorte: Bad Reichenhall, 472 m, Kreisstadt. Bayerisches Staatsbad mit Sole-Heilquellen. Klimatisch günstig gelegener Ort im Saalachtal (siehe Seite 10). Unterjettenberg, 516 m, am Nordfuß der Reiter Alm, stiller Ort mit einigen Bauernhäusern im Ortskern.

Ausgangspunkte: Kibling, 490 m, am Saalach-Stausee; Fronau, 495 m, Streusiedlung gegenüber Unterjettenberg.

Parkmöglichkeiten: In Kibling am Holzlagerplatz, in Fronau an der alten Brücke beim Ghs. Saalachtal.

Gehzeiten: Kibling — Unterjettenberg 1½ Std.; Unterjettenberg — Baumgarten — Kirchberg — Kibling 2¼ Std.; insgesamt etwa 4 Std.

Anforderung: Breiter bezeichneter Wanderweg, wird auch als Radweg benutzt.

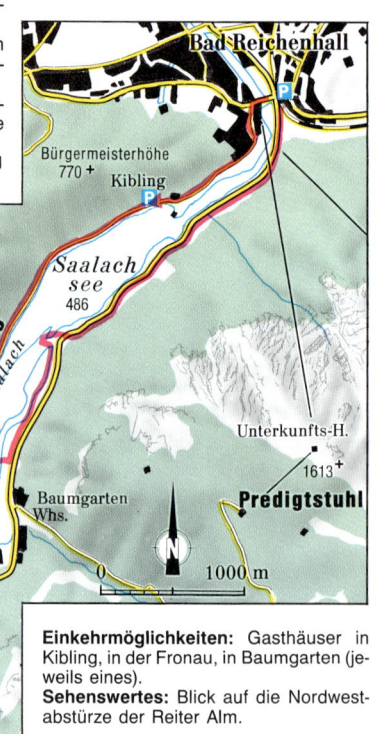

Einkehrmöglichkeiten: Gasthäuser in Kibling, in der Fronau, in Baumgarten (jeweils eines).

Sehenswertes: Blick auf die Nordwestabstürze der Reiter Alm.

Diese Wanderung entlang der Saalach gehört zu den einfachsten hier beschriebenen Touren. Günstig ist

Die Reiter Alm von Nordosten, aus dem Saalachtal.

auch der Umstand, daß die Wanderung an zwei Stellen abgebrochen werden kann (die Rückkehr mit dem Bus ist möglich). Die bei Kibling gestaute Saalach – eine Folge der Eisenbahnelektrifizierung nach Berchtesgaden – gehört 20 Kilometer flußaufwärts noch zu den etwas wilderen Gebirgsflüssen. Im Gebiet des jetzigen Sees gab es früher Bauernhöfe.

Die Rundtour: Vom Parkplatz in Kibling (man kann natürlich auch vom Bahnhof Kirchberg starten; der Weg führt über die Luitpoldbrücke gleich nebenan zur Predigtstuhlbahn am anderen Ufer der Saalach, an der Talstation nimmt man den Wanderweg, der links von der geteerten Straße in einer Viertelstunde nach Kibling führt) hinunter zum See – erste Ablenkung in Gestalt eines gemütlichen Wirtshauses –, dann am rechten Ufer auf Sandstraße nach Fronau (Fahrverbot für Pkw); einige Rastbänkchen unterwegs laden zum Verweilen ein. In Fronau weiter den Müllnerberg entlang auf nun asphaltierter Dorfstraße bis zum Ende der Siedlung beim Landhaus Saalachtal. Von hier sind es noch ein paar hundert Meter weiter zur nächsten Wirtschaft, dem „Reiter Luck". Wir gehen nun aber links über den Fußgängersteg, sodann links weiter auf Fußweg bis zur Bushaltestelle. Wer auch den Rückweg zu Fuß machen will, geht nun ein kurzes Stück entlang der Bundesstraße in Richtung Bad Reichenhall. Nach etwa hundert Metern geht man rechts unter der Brücke hindurch und gelangt so auf den bezeichneten Wanderweg, der zurück nach Kirchberg führt.

6 Waxriessteig

Auf einer stillen und aussichtsreichen Weganlage ins Lattengebirge

Kirchberg — Gatterl — Untere Schlegelalm — Rötelbachalm — Baumgarten — Kirchberg

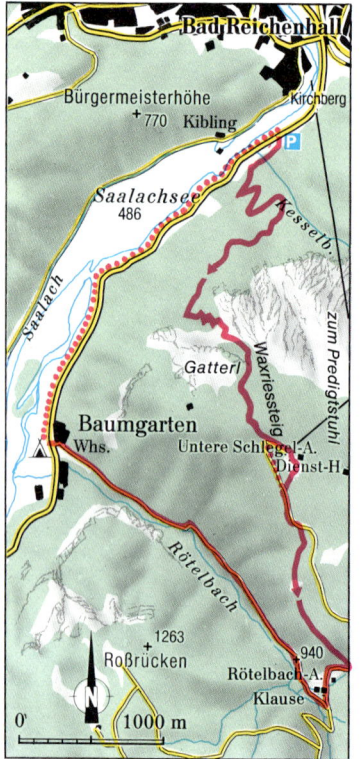

Talort: Bad Reichenhall, 472 m, Kreisstadt, bayerisches Staatsbad mit Sole-Heilquellen. Klimatisch günstig gelegener Ort im Saalachtal (siehe auch Seite 10).

Ausgangspunkt: Bad Reichenhall-Kirchberg, 200 Meter nach der Talstation des außer Betrieb genommenen Stadtberglifts. Vom Bahnhof Kirchberg in einer Viertelstunde bequem zu erreichen.

Parkmöglichkeit: Park- und Rastplatz an der Straße nach Unterjettenberg, direkt am Ausgangspunkt.

Gehzeiten: Parkplatz – Untere Schlegelalm 2^1/$_2$ Std.; Untere Schlegelalm – Rötelbachalm – Baumgarten 1^1/$_2$ Std.; Baumgarten – Kirchberg 1 Std.; insgesamt 4^1/$_2$ Std. Von Baumgarten ist die Rückkehr zum Ausgangspunkt auch mit Bus möglich.

Anforderung: Für den Waxriessteig Trittsicherheit erforderlich, der Abstieg erfolgt auf breitem Wander- und Wirtschaftsweg.

Höchster Punkt: Untere Schlegelalm, 1294 m.

Einkehrmöglichkeit: Ghs. in Baumgarten; evtl. Rasthaus Schlegelmulde und Predigtstuhlbahn-Bergstation.

Sehenswertes: Tiefblicke auf Bad Reichenhall sowie der Fernblick auf bedeutende Gipfel der Berchtesgadener Alpen und der Loferer Steinberge.

Der Waxriessteig bietet einen abwechslungsreichen Anstieg auf den Predigtstuhl, einen hervorragenden Blick auf Bad Reichenhall und Umgebung, und ist doch nur selten begangen – offenbar aus Unkenntnis. Besonders im Hochsommer, wenn die Morgensonne schon zu frühem Aufbruch drängt, ist dieser Steig noch angenehm im Schatten, und nach der Anstrengung des stellenweise doch recht steilen Anstiegs kann man sich

Auf dem aussichtsreichen Waxriessteig, etwas abseits vom Trubel auf dem Predigtstuhl.

auf der Unteren Schlegelalm einer gemütlichen Rast hingeben. Der Predigtstuhl-Gipfel selbst wird dabei außer acht gelassen.

Der Aufstieg: Vom Parkplatz an der alten Jettenberger Straße auf schmalem bez. Steig (Weg-Nr. 478) in südsüdwestlicher Richtung aufwärts durch Wald, bis sich dieser etwas lichtet. Teilweise steil über den gestuften Steig zur Hochfläche der Unteren Schlegelalm, die man dann beim sogenannten Gatterl erreicht. Von hier nun fast eben in südöstlicher Richtung in 20 Minuten zur nicht mehr bewirtschafteten Unteren Schlegelalm. Schöne Rastplätze.

Abstieg über die Rötelbachalm nach Baumgarten: Von der Alm ein kurzes Stück zurück auf dem Forstweg oder direkt in südwestlicher Richtung auf den breiten Weg. Nun südwärts hinunter auf dem Forstweg zur Rötelbachalm; von dort in nordwestlicher Richtung ebenfalls auf Forstweg durch den Rötelbachgraben hinaus nach Baumgarten. Von hier mit dem Bus oder auf dem Wanderweg (siehe Tour Nr. 5) wieder zurück zum Ausgangspunkt in Kirchberg.

Abstiegsvariante: Natürlich kann man auch von der Unteren Schlegelalm hinaufwandern zur Predigtstuhlbahn-Bergstation und von dort ins Tal schweben.

7 Dötzenkopf, 1001 m
Über den Dächern der Kurstadt

Kirchberg — Spechtenalm — Dötzenkopf — Wappbachkopf — Kirchberg

Talort: Bad Reichenhall, 472 m, Kreisstadt, bayerisches Staatsbad mit Sole-Heilquellen. Klimatisch günstig gelegener Ort im Saalachtal (siehe Seite 10).

Ausgangspunkt: Bad Reichenhall-Kirchberg, bei der ehemaligen Stadtberglift-Talstation. Vom Bahnhof Kirchberg in wenigen Minuten zu erreichen.

Parkmöglichkeit: Parkplatz beim Ghs. Schießstätte und beim Stadtberglift.

Gehzeiten: Aufstieg zum Dötzenkopf 1¹/₂ Std. (der Stadtberglift ist nicht mehr in Betrieb), Abstieg und Rückkehr 1 Std.

Anforderungen: Markierter und gut ausgebauter Steig, für den Abstieg etwas Trittsicherheit erforderlich.

Höchster Punkt: Dötzenkopf, 1001 m.

Einkehrmöglichkeit: Ghs. Schießstätte am Ausgangspunkt, unterwegs keine, da die Spechtenalm nicht mehr bewirtschaftet ist.

Sehenswertes: Blick auf Bad Reichenhall, alpine Umgebung.

Der Predigtstuhl weist auf seiner Nordseite einige kleinere Vorgipfel auf. Einer davon ist der Dötzenkopf, der das Ziel unserer heutigen Wanderung ist. Nach Einstellung des Betriebs am Stadtberglift entfiel leider auch die Bewirtschaftung der Spechtenalm – wir sind also auf die eigene Versorgung mit Proviant angewiesen. Doch die Panorama-Aussicht, die uns dort oben erwartet, läßt uns diesen Mangel bald vergessen.

Aufstieg zum Dötzenkopf: Beim Eingang zum Lift nehmen wir den linken Weg, der uns nach einer Viertelstunde zum Aussichtspunkt „Stadtkanzel" bringt. Auf den Serpentinen des Bildstöcklweges höher, bis man nach etwa 50 Min. die Bergstation des eingestellten Stadtberglifts bei der Spechtenalm erreicht. Von hier kurzer Abstecher zum „Thürmereck", der uns den Nordabstürzen des Predigtstuhls näherbringt. – Von der Spechtenalm, 880 m, höher, der Mark. ST 1 folgend, zuerst noch durch Wald, dann durch die Felsabbrüche des Spechtenköpfls hinüber zum kreuzbesetzten Gipfel des Dötzenkopfs.

Blick vom Aussichtspunkt „Stadtkanzel" auf Bad Reichenhall – im Mittelgrund Schloß Gruttenstein.

Der Abstieg: Wir benutzen dafür zuerst den mit ST 2 bez. Steig hinunter in Richtung Bayerisch Gmain. Ostwärts durch felsiges Gelände hinab, bis uns der Wald wieder aufnimmt. Auf dem wenig ausgeprägten Kamm oberhalb des Wappbachs bis auf eine Höhe von etwa 750 Meter. Nun nicht den rechten Weg, der in 20 Min. direkt nach Bayerisch Gmain führt, sondern den nach links abbiegenden, der uns zuerst zum Aussichtspunkt „Wappbachkopf" bringt. Auf dem Ziehweg westw. hinab – bis nach etwa 10 Min. ein Schild nach Reichenhall weist. Auf schmalem Steig also links weg und ziemlich eben hinüber durch Wald, bis man nach weiteren 10 Min. wieder auf den Anstiegsweg trifft. Auf ihm zurück zum Ausgangspunkt.

Abstiegsvarianten: Vom Wappbachkopf und von der „Stadtkanzel" nach Bayerisch Gmain möglich.

8 Lattengebirge-Überschreitung

Einsame Wanderung in ein großflächiges Almgebiet

Predigtstuhlbahn-Bergstation — Schlegel-Jagdhütte — Moosenalm — Schwarzbachwacht; oder Moosenalm — Lattenbergalm — Mordaualm — Schwarzbachwacht

Talort: Bad Reichenhall, 472 m, Kreisstadt, bayerisches Staatsbad mit Sole-Heilquellen. Klimatisch günstig gelegener Ort im Saalachtal (siehe Seite 10).
Ausgangspunkt: Bad Reichenhall-Kirchberg, Anfahrt über Luitpoldbrücke. Parkplatz an der Predigtstuhlbahn-Talstation.
Gehzeiten: Predigtstuhlbahn-Bergstation — Moosenalm 3 Std.; Moosenalm — Schwarzbachwacht 1¼ Std.; Moosenalm — Mordaualm — Schwarzbachwacht 2 Std.

Anforderungen: Markierter Steig, stellenweise mit Drahtseilsicherungen. Etwas Trittsicherheit erforderlich für den Abschnitt zwischen Schlegel-Jagdhütte und Moosenalm.
Höchster Punkt: Predigtstuhlbahn-Bergstation, 1614 m.
Einkehrmöglichkeiten: Predigtstuhlbahn-Bergstation, evtl. Rasthaus Schlegelmulde, Moosenalm (nur im Sommer), Ghs. in Schwarzbachwacht.
Sehenswertes: Rundumkaser auf der Moosenalm.

Vom Predigtstuhl-Gipfel zur Moosenalm: Auf blau-weiß bez. Weg (Nr. 470) in südlicher Richtung hinab zur Diensthütte bei der ehemaligen Oberen Schlegelalm. Von dort in gleicher Richtung auf schmalem Pfad weiter und in leichtem Auf und Ab auf weiten Strecken durch Wald – stellenweise

Beim Abstieg von der Moosenalm im Lattengebirge.

Holzbrückchen und Drahtseilsicherungen –, bis man nach 2 Stunden auf die von der Rötelbachalm kommende Forststraße trifft. Kurz auf dieser entlang, bis auf der rechten Seite ein schmaler Pfad am „Schwimmenden Moos" vorbei zur Moosenalm führt.

Von der Moosenalm zur Schwarzbachwacht: Von der Alm zuerst auf Wirtschaftsweg (Mark.-Nr. 470) in südlicher Richtung weiter, dann auf weit ausholenden Serpentinen auf der Westseite hinunter zur Schwarzbachwacht. Von hier Busverbindung zurück nach Bad Reichenhall.

Weitere Abstiegsmöglichkeit: Von der Moosenalm in südöstlicher Richtung auf Steig Nr. 475 über die Lattenbergalm hinab in die Mordau und hinaus zur Deutschen Alpenstraße, die man beim Parkplatz Taubensee erreicht.

35

9 Predigtstuhl — Steinerne Agnes — Hallthurm

Bequeme Auffahrt, leichter Abstieg

Predigtstuhlbahn-Bergstation — Schlegelmulde — Karkopf — Dreisesselberg — Steinerne Agnes — Rotofensattel — Hallthurm

Talort: Bad Reichenhall, 472 m, Kreisstadt, bayerisches Staatsbad mit Sole-Heilquellen. Klimatisch günstig gelegener Ort im Saalachtal (siehe auch Seite 10).
Ausgangspunkt: Bei der Predigtstuhl-

bahn-Bergstation. Anfahrt: Bad Reichenhall-Kirchberg über Luitpoldbrücke. Parkplatz an der Predigtstuhlbahn-Talstation. Auffahrt: jede volle Stunde.
Gehzeiten: Predigtstuhlbahn-Bergstation — Karkopf 1½ Std.; Karkopf — Steinerne Agnes 1 Std.; Abstieg nach Winkl bzw. über den Rotofensattel nach Hallthurm 1—1¼ Std. Rückkehr zum Ausgangspunkt mit Bahn oder Bus.
Anforderungen: Unschwierige Bergsteige, jedoch etwas Trittsicherheit erforderlich.
Höchster Punkt: Karkopf, 1738 m.
Einkehrmöglichkeiten: Predigtstuhlbahn-Bergstation, Rasthaus Schlegelmulde.
Sehenswertes: Felsgestalt der Steinernen Agnes (der Sage nach eine versteinerte Sennerin).

An der Abzweigung Karkopf / Dreisesselberg auf dem Predigtstuhl.

Wenn man auch auf dem Predigtstuhl-Gipfel nicht viel von Bergeinsamkeit merkt (die Kabinenbahn verhilft zahlreichen Bergbegeisterten zu schnellem Gipfelglück), so bieten sich doch von hier oben Möglichkeiten, dem Rummel zu entkommen. Auch wir wollen heute diese Aufstiegshilfe in Anspruch nehmen, gehen jedoch auf einer interessanten Route durch die Ostseite hinab, wobei wir zwei felsigen Besonderheiten begegnen werden: der „Steinernen Agnes" und der „Schlafenden Hexe".

Die Abstiegsroute: Von der Bergstation auf breitem Wanderweg ziemlich eben in 10 Min. hinüber zur Schlegelmulde. Nun auf schmalen Serpentinen in 35 Min. (Mark.-Nr. 404 A) hinauf zum Hochschlegel mit Gipfelkreuz. Sodann leicht abwärts – immer dem Kamm folgend – bis zur Abzweigung Karkopf / Törlkopf. Minutenabstecher hinauf zum Karkopf. Dann links zur Aussichtswarte Dreisesselberg. Wieder zurück bis zur Einsenkung zwischen den beiden kleinen Gipfeln, links weg und bald steil hinab in eine große Mulde. Nach einer halben Stunde trifft man auf einen sehr schönen Rastplatz bei der ehemaligen Steinbergalm. Der Steig führt links weiter, bis man nach etwa 20 Minuten die Felsgestalt der Steinernen Agnes erblickt (Erkletterung nur für Geübte). Knapp unterhalb an dieser in nordöstlicher Richtung vorbei. Nach wenigen Minuten eine Wegabzweigung: rechts führt der Steig steil hinunter nach Winkl; links leitet der Weg horizontal weiter, bis man auf die Rotofentürme trifft (Mark.-Nr. 469). Zwischen dem Mittleren und Vorderen Turm über den Rotofensattel und durch dichten Wald in gestuften Serpentinen steil hinab bis man auf die Bundesstraße Berchtesgaden – Bad Reichenhall trifft; hier dann links zum Bahnhof Hallthurm.

10 Von Winkl zum Loipl

Unter den Augen der „Schlafenden Hexe"

Winkl — Frechenbachgraben — Loipl — Thürlehen — Breidlerlehen — Panoramaweg — Winkl

Talort: Bischofswiesen, 614 m, Sommer- und Winterferienort im Tal der Bischofswiesener Ache.
Ausgangspunkt: Haltepunkt Winkl.
Parkmöglichkeit: Beschränkt am Ausgangspunkt und an der Straße zum Loipl am Beginn des Panoramaweges. Besser Anfahrt mit Bus bis Haltepunkt Winkl.
Gehzeiten: Winkl — Loipl 1 Std.; Rückweg über Breidler und Panoramaweg 2 Std.
Anforderung: Leichte Wanderung.
Höchster Punkt: evtl. Burgstallkopf, 903 m.
Einkehrmöglichkeit: Keine.
Sehenswertes: Dorf Loipl mit Wallfahrtskirchlein, Blick auf die „Schlafende Hexe" und auf den Watzmann.

Zwischen der Siedlung Winkl an der Bahnlinie Berchtesgaden – Bad Reichenhall und der kleinen idyllischen Bauern-Streusiedlung Loipl erheben sich zwei Buckel, der Pfaffenkogel und der Burgstallkopf. Eine Umwanderung derselben führt uns vorbei an stattlichen Bauernhöfen und gibt uns Blicke frei auf die wichtigsten Berggrößen der Berchtesgadener Alpen, die

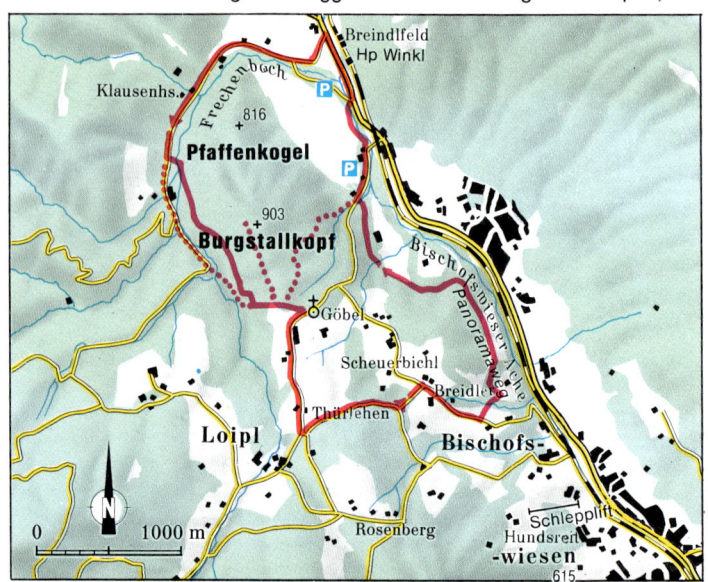

Die alte Wallfahrtskapelle in Loipl, im Hintergrund der Törlkopf.

von dieser Seite besonders eindrucksvoll wirken: Watzmann, Hoher Göll – und als kuriose Dreingabe die „Steinerne Hexe" im Lattengebirge.

Die Runde: Bei der Straßenabzweigung in westlicher Richtung auf dem Klauslhäuslweg dem Frechenbach entlang. Auf der asphaltierten Straße weiter bis wir nach 1,5 km auf eine Forststraße stoßen (Schranke). Kurz dahinter überschreiten wir nach links den Frechenbach und benutzen den schmalen Pfad auf der rechten Seite (Schild: Loipl – Kirchlein). 20 Min. ab hier. In leichter Steigung bis zu einem Weg. Auf ihm links höher, wo wir eine große Wildfütterung erreichen. Am Südwesthang des Burgstallkopfes steigen wir an bis zu einem Wildzaun; diesem folgen wir und gehen am Ende nach links hoch auf einem Pfad, bis wir auf einen querführenden Weg kommen, über einen Bach und am Waldrand entlang bis zum Wallfahrtskirchlein von Loipl. (Hier könnten wir bereits den Rückweg nach Winkl einschlagen und dabei auf den Burgstallkopf steigen.) Wir gehen weiter nach rechts auf der asphaltierten Straße in Richtung Schwarzeck, bis wir nach etwa einem Kilometer zu einer Abzweigung kommen (beim Trafohaus). Nun nach links auf Sandstraße in 20 Minuten zum Breidlerlehen (Schild: Bischofswiesen). Von hier führt eine asphaltierte Straße in einer Viertelstunde hinab zum Weberhäusl (Erbmühlweg). Nun nach links (Schild: Panoramaweg Winkl) und in einer Dreiviertelstunde auf Wanderweg am Waldrand bzw. im Wald in leichtem Auf und Ab bis man auf Straße von Loipl nach Winkl trifft. Nun zurück zum Ausgangspunkt.

11 Maximilians-Reitweg
Wanderung im Tal der Bischofswiesener Ache

Bischofswiesen — Winkl — Hallthurm; evtl. Abstecher zur Kastensteinalm

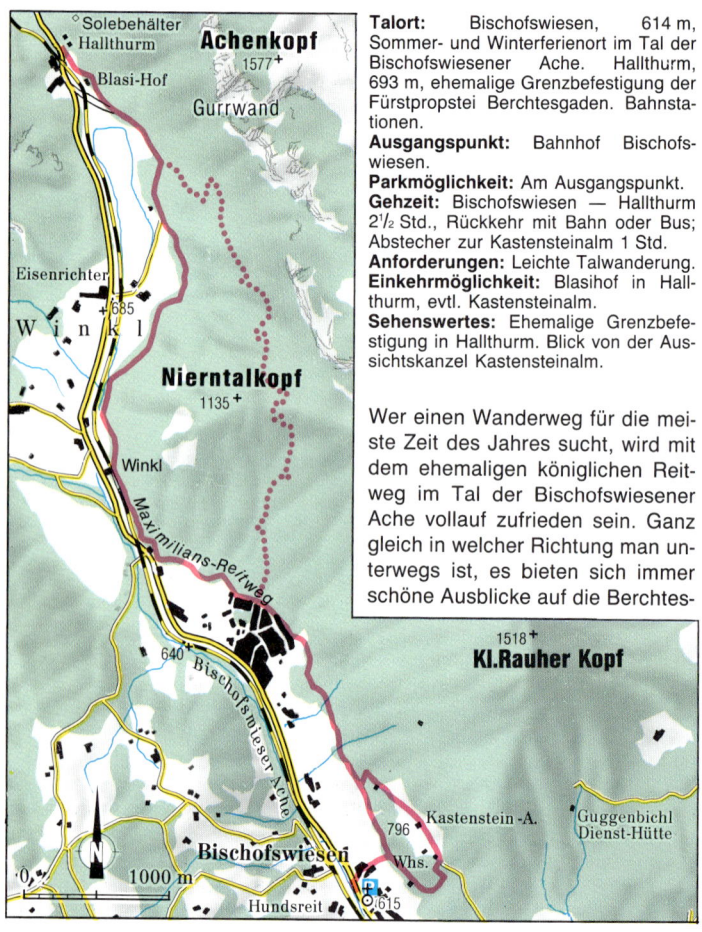

Talort: Bischofswiesen, 614 m, Sommer- und Winterferienort im Tal der Bischofswiesener Ache. Hallthurm, 693 m, ehemalige Grenzbefestigung der Fürstpropstei Berchtesgaden. Bahnstationen.

Ausgangspunkt: Bahnhof Bischofswiesen.

Parkmöglichkeit: Am Ausgangspunkt.

Gehzeit: Bischofswiesen — Hallthurm 2^1/$_2$ Std., Rückkehr mit Bahn oder Bus; Abstecher zur Kastensteinalm 1 Std.

Anforderungen: Leichte Talwanderung.

Einkehrmöglichkeit: Blasihof in Hallthurm, evtl. Kastensteinalm.

Sehenswertes: Ehemalige Grenzbefestigung in Hallthurm. Blick von der Aussichtskanzel Kastensteinalm.

Wer einen Wanderweg für die meiste Zeit des Jahres sucht, wird mit dem ehemaligen königlichen Reitweg im Tal der Bischofswiesener Ache vollauf zufrieden sein. Ganz gleich in welcher Richtung man unterwegs ist, es bieten sich immer schöne Ausblicke auf die Berchtes-

Bauernhöfe im Tal der Bischofswiesener Ache.

gadener Berggipfel. Besonders reizvoll ist der Weg natürlich im Herbst, wenn die Blatteinfärbung begonnen hat.

Von Bischofswiesen über Winkl nach Hallthurm: Vom Bahnhof nordostwärts in Richtung Kastensteiner Wand. (Hier können wir einen kleinen Abstecher über die Kastensteinalm, 750 m, einlegen. Am Waldrand treffen wir auf den Maximilians-Reitweg. Wir gehen rechts und nehmen nach etwa 250 Metern die Wegabzweigung nach links, sodann wiederum einen schmalen Pfad steil hinauf nach links bis zur Fahrstraße, der wir für eine Viertelstunde bis zum Ende folgen. Wir überschreiten die Kastensteinhöhe, 796 m, und steigen wieder steil ab, wo wir erneut auf den Reitweg treffen.) Bei der Wegverzweigung gehen wir links. Im leichten Auf und Ab wandern wir nun durch Wald. Links vor uns – auf der anderen Seite der Bischofswiesener Ache – blicken wir auf die Felsgestalt der „Schlafenden Hexe". Bei der Wegteilung am Seppengraben gehen wir rechts und kommen dann bald zu den ersten Häusern von Winkl. Wir bleiben am Waldrand, haben auch nur ein paar Meter auf Asphalt zu wandern, und kommen nach ein paar hundert Metern wieder auf den bez. breiten Weg. Nun immer am Waldrand bzw. durch Wald am Bergfuß des Nierentalkopfs herum, vorbei am Hallthurmer Moos zur Bahnstation Hallthurm.

12 Stöhrhaus über den Reisenkaser

Abwechslungsreicher Anstieg auf einen sagenumwobenen Berg

Hallthurm — Reisenkaser — Stöhrhaus; evtl. Berchtesgadener Hochthron

Talort: Bischofswiesen, 614 m, Sommer- und Winterferienort im Tal der Bischofswiesener Ache.
Ausgangspunkt: Hallthurm.
Parkmöglichkeit: Nur beschränkte Parkmöglichkeiten am Wegbeginn.
Gehzeiten: Hallthurm — Stöhrhaus 3½ Std.; Rückweg nach Hallthurm 2½ Std.; Abstieg nach Winkl 2¼ Std.
Anforderungen: Im ersten Abschnitt Forststraße, dann stellenweise steiler, aber immer gut begehbarer Steig.
Höchster Punkt: Berchtesgadener Hochthron, 1972 m.
Einkehrmöglichkeiten: Blasihof (Brotzeitstube), Stöhrhaus, 1894 m (Übernachtung, Ende Mai bis Mitte Oktober bew.).
Sehenswertes: Umfassendes Panorama der Berchtesgadener Alpen.

42

Die Gipfelfelsen des Untersbergs vom Reisenkaser.

Mit dem Untersberg – dem nordöstlichen Abschluß der Berchtesgadener Alpen – ist ein ganzer Sagenkomplex verbunden. Angeblich soll Kaiser Friedrich Barbarossa (manchmal wird auch Karl der Große genannt) dort noch in einem prachtvollen unterirdischen Kaisersaal residieren. Tatsache jedenfalls ist der Reichtum des Untersbergs an Höhlen – und die Großartigkeit der Aussicht von diesem Berg.

Von Hallthurm über den Reisenkaser zum Stöhrhaus: Zuerst am Blasihof vorbei und auf den Maximilians-Reitweg. Bald zweigt der Anstiegsweg (Mark.-Nr. 465 und 464) links ab. Nun auf breiter Forststraße immer in südöstlicher Richtung hinauf, bis sich diese nach einer knappen Stunde zu einem Weg verengt. Rechts bleibt der Nierntalkopf liegen, der Weg geht langsam in einen Steig über, der bald sehr steil in zahlreichen Serpentinen zum Reisenkaser emporführt. Eben nordwärts, dann wieder leicht steigend im Auf und Ab, bis man den neu erbauten Lisabethenkaser trifft (Milchstelle). Nun wieder ansteigend bis nach kurzer Zeit das „Leiterl" in Sicht kommt (hier kommen zwei weitere Steige von Osten her an). In steilen Kehren durch Latschen hinauf zum bald sichtbaren Stöhrhaus.

Zum Berchtesgadener Hochthron: Der höchste Gipfel des Untersbergmassivs ist in 20 Min. vom Unterkunftshaus auf leichtem Steig erreichbar.

Abstieg: Auf dem Anstiegsweg. Siehe auch Tour 13. Variante: Kurz bevor man den Nierntalkopf links passieren läßt, geht man links weg durch Wald und steigt auf schmalem Pfad hinab und erreicht so Winkl-Ort.

13 Stöhrweg

Der kürzeste Anstieg auf den Untersberg

Maria Gern — Stiedlerlehen — Stöhrweg — Leiterl — Stöhrhaus — Leiterl — Scheibenkaser — Ettenberg — Maria Gern

Das Stiedlerlehen in Hintergern, im Hintergrund das „Leiterl".

Talort: Berchtesgaden, 573 m, bekannter Sommer- und Winterferienort (siehe Seite 11).
Ausgangspunkt: Hintergern, beim Whs. Theresienklause bzw. beim Parkplatz. Anfahrt mit Bus (RVO) bis Ghs. Bachgütl kurz vor dem Ghs. Theresienklause.
Parkmöglichkeit: Kleine Parkplätze im Bereich des Ausgangspunktes.
Gehzeiten: Hintergern — Stöhrhaus 3 Std.; Rückweg über den Scheibenkaser 3 Std.; Rückkehr auf dem Anstiegsweg 2 Std.
Anforderungen: Leichter Bergsteig ohne jede Schwierigkeit.
Höchster Punkt: Stöhrhaus, 1894 m.
Einkehrmöglichkeiten: Ghs. Theresienklause, Stöhrhaus (Übernachtung, Ende Mai bis Mitte Oktober bew.).
Sehenswertes: Gebirgspanorama der Berchtesgadener Alpen von der Untersberg-Hochfläche.

Von den Anstiegen auf die Hochfläche des Untersbergs führt der Stöhrweg am schnellsten zu den beliebten Aussichtspunkten, vorausgesetzt man verzichtet auf die Benutzung der Seilbahn, die von St. Leonhard auf das Geiereck führt. Im oberen Teil verläuft dieser Steig wie Tour 12.

Von Hintergern über das Leiterl zum Stöhrhaus: Vom Gasthaus Theresienklause in nördlicher Richtung bis zur Straßenverzweigung. Hier links ab und auf dem bez., asphaltierten Fahrweg Nr. 417 zum Nußhof. Der Steig führt nun links weg, immer ansteigend – teils in Kehren – durch Wald hinauf, vorbei an der Kaltwasser-Diensthütte, bis er unterhalb der Rauhen Köpfe auf den von Aschau heraufführenden Stöhrweg trifft. Auf diesem

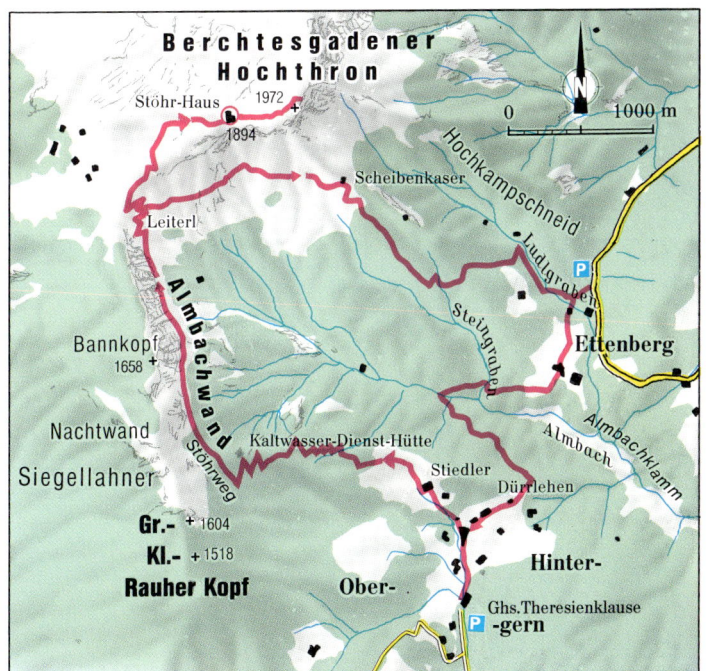

ziemlich eben unterhalb der Almbachwand entlang. Zuletzt trifft man auf den „Leiterl" genannten Durchschlupf zwischen den links und rechts aufragenden Felsen. In Serpentinen hinauf auf die Hochfläche, die man bei einer Höhe von 1602 Metern erreicht. Nun rechts zum Stöhrhaus.

Vom Stöhrhaus über das Leiterl und den Scheibenkaser zurück nach Hintergern: Vom Haus auf dem Anstiegsweg zurück zum „Leiterl". Nun die Kehren hinab, bis der mit Nr. 466 bez. Steig links abgeht. Unter den Südabstürzen des Berchtesgadener Hochthrons entlang, dann hinab zum Scheibenkaser. Ziemlich steil hinunter, zuletzt durch den Ludlgraben. Kurz vor Erreichen der von Marktschellenberg heraufkommenden Straße nach Ettenberg nehmen wir die Abzweigung nach rechts. Nun durch Wiesen an einigen Bauernhöfen vorbei und zum Taleinschnitt der oberen Almbachklamm. Nach Überquerung des Almbachs wieder zum Teil kräftig ansteigend, bis man auf ebenes Gelände kommt. Am Dürrlehen vorbei und zurück zum Ausgangspunkt.

14 Schellenberger Eishöhle

Blick ins Innere des Untersbergs

Schellenberger Paßturm — Rothmanngraben — Mitterkaser-Jagdhütte — Toni-Lenz-Hütte — Eishöhle; evtl. Salzburger Hochthron

Talort: Marktschellenberg, 479 m, Malerischer Ferienort an der Berchtesgadener Ache.
Ausgangspunkt: Am alten Paßturm an der Straße nach Salzburg.
Parkmöglichkeit: Parkplatz am Ausgangspunkt.
Gehzeiten: Ausgangspunkt — Mitterkaser-Jagdhütte 1¾ Std.; von dort in 1 Std. zur Toni-Lenz-Hütte; zur Schellenberger Eishöhle dann noch ¼ Std.

Anforderungen: Markierter Bergsteig ohne Schwierigkeiten Für den Besuch der Höhle warme Kleidung ratsam.
Höchster Punkt: Schellenberger Eishöhle, 1570 m.
Einkehrmöglichkeiten: Toni-Lenz-Hütte, 1411 m (Übernachtung, von Mai bis Oktober bew.).
Sehenswertes: Die Eishöhle sowie der freie Blick auf die Berchtesgadener Berge.

Der Untersberg ist der höhlenreichste Berg der Berchtesgadener Alpen. Eine der bekanntesten davon ist die seit 1925 für den allgemeinen Besuch erschlossene Schellenberger Eishöhle unterhalb der Mittagscharte. Es fin-

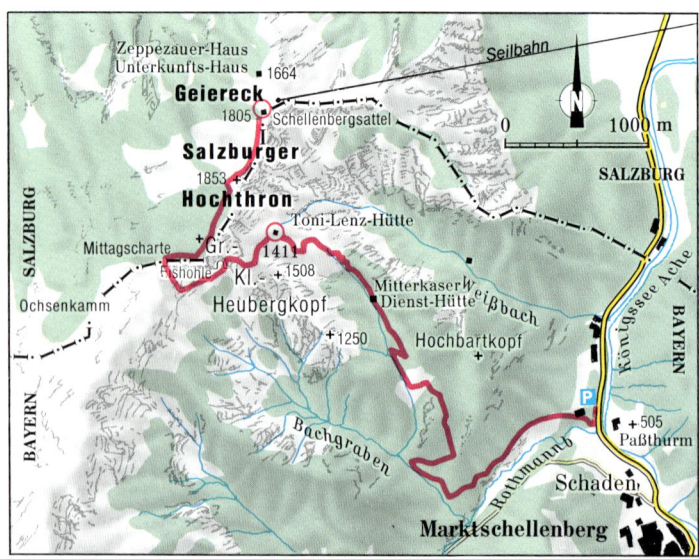

Die Toni-Lenz-Hütte am Weg zur Schellenberger Eishöhle.

den stündliche Höhlenführungen statt; Stützpunkt für diesen Ausflug ist die Toni-Lenz-Hütte des Höhlenvereins. Anstatt von Marktschellenberg, kann die Tour auch über die Geiereck-Seilbahn angegangen werden.

Vom alten Schellenberger Paßturm zur Eishöhlenhütte: Vom Parkplatz auf dem Weg Nr. 463 in südwestlicher Richtung oberhalb des Rothmannbaches durch Wald aufwärts zum verfallenen Bachkaser. Nun stark rechts und weiter durch Wald auf gut ausgebautem Weg hinauf zur verfallenen Jagdhütte Mitterkaser. Bald genießen wir die Ausblicke oberhalb der Bewaldung. Über Latschenhänge in Serpentinen zur aussichtsreichen Hütte.

Zur Eishöhle: Von der Toni-Lenz-Hütte in südwestlicher Richtung leicht ansteigend durch Latschenhänge zur größten erschlossenen Eishöhle Deutschlands (Sammelplatz; täglich Führung zwischen 10 – 17 Uhr jeweils zur vollen Stunde).

Die Rückkehr erfolgt auf dem Herweg. Oder man folgt dem Steig über die Mittagscharte zum Salzburger Hochthron und nimmt dann die Seilbahn vom Geiereck hinunter nach St. Leonhard (siehe Tour 15).

15 Über die Untersberg-Hochfläche

Aussichtsreiche Wanderung von Hütte zu Hütte

Sankt Leonhard — Geiereck — Zeppezauerhaus — Salzburger Hochthron — Mittagscharte — Rauheck — Berchtesgadener Hochthron — Stöhrhaus; evtl. Abstieg nach Maria Gern

Talort: Marktschellenberg, 479 m. Malerischer Ferienort an der Berchtesgadener Ache.
Ausgangspunkt: Sankt Leonhard, 456 m, 1,5 km vom Zollamt Hangendenstein auf der Straße nach Salzburg.
Parkmöglichkeit: An der Talstation der Geiereckbahn (Gebühr).
Gehzeiten: Geiereck — Zeppezauerhaus 20 Min.; Zeppezauerhaus — Mittagscharte — Stöhrhaus 3¹/₂—4¹/₂ Std.; Abstieg nach Maria Gern 2¹/₂ Std. Rückkehr zum Ausgangspunkt mit Bus.

Anforderungen: Unschwierige Wanderung; den Übergang allerdings nur bei Nebelfreiheit angehen, sonst können Orientierungsschwierigkeiten auftreten.
Höchster Punkt: Berchtesgadener Hochthron, 1972 m.
Einkehrmöglichkeiten: Zeppezauerhaus (Übernachtung, Anfang März bis Ende Okt. bew.), Stöhrhaus (Übernachtung, Ende Mai bis Mitte Okt. bew.), Whs. in Maria Gern.
Sehenswertes: Fernsicht von der Untersberg-Hochfläche.

Das Stöhrhaus auf dem Untersberg.

Da der Aufstieg zum Untersberg doch eine gewisse Kondition voraussetzt, wollen wir diesmal den umgekehrten Weg nehmen, und den Aufstieg mit Hilfe der Seilbahn auf wenige Minuten verkürzen. Der Hochflächen-Übergang vom Salzburger auf den Berchtesgadener Hochthron ist gut angelegt und bezeichnet und bietet keinerlei Schwierigkeiten.

Von der Seilbahn-Bergstation über die Mittagscharte zum Stöhrhaus:
Falls man nicht einen Abstecher hinunter zum bewirtschafteten Zeppezauerhaus machen will, wandert man sogleich in südöstlicher Richtung auf breitem, rot mark. Weg (Nr. 417) über das „Jungfraunbrünnl" hinauf zum ersten großen Aussichtspunkt, dem Salzburger Hochthron, 1853 m, den man in 20 Min. erreicht. Nun immer in südwestlicher Richtung den Kamm entlang und steil hinunter zur Mittagscharte – im Frühling prächtige Bergblumenmatten –, sodann jenseits wieder hinauf (Hinweisschild: „Stöhrhaus"). Im steten Auf und Ab nun über die latschenbewachsene Hochfläche, an den bescheidenen Randerhebungen wie den Ochsenköpfen und dem Rauheck vorbei auf den höchsten „Gipfel" des Untersbergs, den Berchtesgadener Hochthron, mit 1972 Metern Höhe. Auf kurzem Abstieg hinunter zum Stöhrhaus.

Der Abstieg: Wer den gleichen Weg nicht benützen will, wandert am besten vom Stöhrhaus direkt nach Maria Gern hinab (siehe Tour 13).

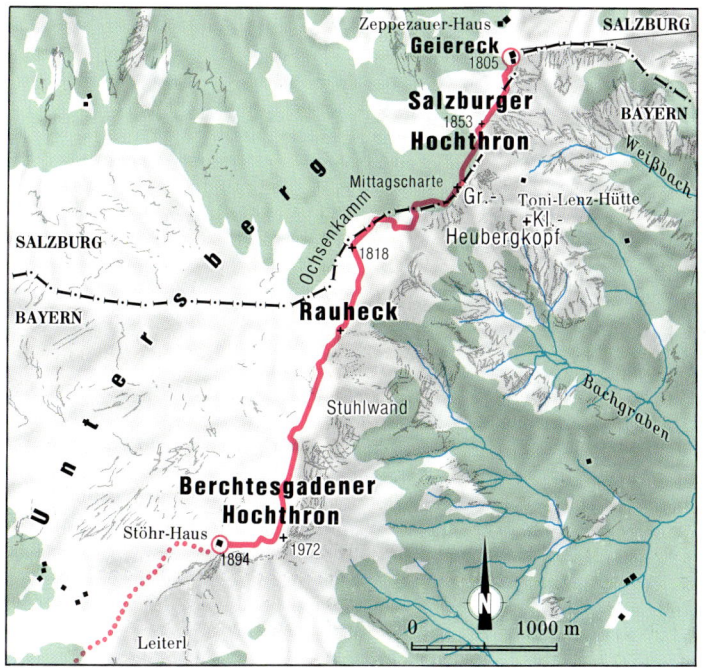

16 Rauher Kopf, 1604 m

Anregende Frühjahrs- oder Herbsttour

Bischofswiesen — Guggenbichl-Diensthütte — Kleiner Rauher Kopf — Großer Rauher Kopf

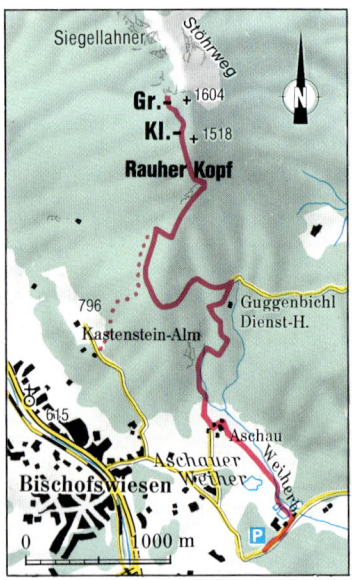

Talort: Bischofswiesen, 614 m, Sommer- und Winterferienort im Tal der Bischofswiesener Ache bzw. Berchtesgaden, 573 m, bekannter Sommer- und Winterferienort (siehe Seite 11).
Ausgangspunkt: Aschauer Weiher in Stanggaß, an der Straße von Bischofswiesen nach Maria Gern. – Der Zugang zum Maximilians-Reitweg kann ebenso von Bischofswiesen wie von den Häusern von Dietfeld erfolgen.
Parkmöglichkeiten: Parkplatz am Ausgangspunkt (jedoch nur außerhalb der Badesaison, sonst besser Anfahrt mit Bus).
Gehzeiten: Aschauer Weiher — Rauher Kopf 3¹/₂—4 Std.; Abstieg 2¹/₂ Std.
Anforderungen: Leichter, markierter Bergwanderweg; beim Übergang vom Kleinen zum Großen Rauhen Kopf ist etwas Trittsicherheit erforderlich.
Einkehrmöglichkeit: Ghs. Dietfeldkaser, Gasthäuser in Bischofswiesen und evtl. Kastensteinalm.
Höchster Punkt: Rauher Kopf, 1604 m.
Sehenswertes: Aussicht auf Berchtesgaden.

Die Wanderung auf den Rauhen Kopf gehört noch zu den einsameren Touren, die man im Berchtesgadener Wanderland unternehmen kann, sie ist abwechslungsreich, bietet eine schöne Aussicht und kaum Schwierigkeiten. Nur im letzten Teil fordert sie ein bißchen. Eine Unternehmung, die im Frühjahr oder auch im Herbst angegangen werden kann, wenn andere Ziele schon oder noch außer Reichweite sind.

Vom Aschauer Weiher auf den Rauhen Kopf: Auf der Aschauer-Weiher-Straße (200 m nach dem Parkplatz am Aschauer Weiher links weg) bis zum Maximilians-Reitweg. Auf diesem nach links am Wald entlang bis zur Wegverzweigung (Hinweisschild). Hier beginnt der eigentliche Aufstieg zum Rauhen Kopf sowie auch der Anstiegsweg (Nr. 468, „Stöhrweg") zum Untersberg. Immer in nördlicher Richtung auf gutem Weg durch Wald hin-

Der Rauhe Kopf, ein Vorberg des Untersberg, von Südosten.

auf. Bei der Einmündung des von Maria Gern kommenden Wirtschaftsweges zweigt der Anstieg auf den Rauhen Kopf links ab (Nr. 467). Nun in süd- und südwestlicher Richtung um den Bergrücken herum. Bei einer Quelle – dem sogenannten „Blauen Kastl" – wieder in nördlicher Richtung und nun vorwiegend auf dem Kamm ansteigen bis wir zu den ersten Felsblöcken kommen. Diese umgeht man nach links, dann ein kurzes Stück ansteigend, auf ebenem Weg kurz weiter und rechts ab auf dem bez. Pfad (Achtung!) auf den Grat, der zum Gipfel führt. Dem Grat entlang in einer Viertelstunde zum Gipfel.

Der Abstieg erfolgt auf dem gleichen Weg.

Variante: Der Anstieg zum Rauhen Kopf kann auch von der Kastensteinalm begonnen werden, wobei wir auf einer Höhe von 1100 Meter auf den vom „Stöhrweg" abzweigenden Weg treffen.

17 Gerner Höhenweg

In einem reizenden Hochtal

Maria Gern — Stiedlerlehen — Obergern — Ascherlehen — Klapflehen — Dietfeld — Gernbach — Maria Gern

Talort: Berchtesgaden, 573 m, bekannter Sommer- und Winterferienort (siehe Seite 11).

Ausgangspunkt: Wallfahrtskirche in Maria Gern, 730 m. Busverbindung (Endstation beim Bachgütl).

Parkmöglichkeit: Mehrere kleine Parkplätze am Ausgangspunkt.

Gehzeit: Für den Rundweg insgesamt 2½ Std.

Anforderungen: Asphalt- und Sandstraße sowie Wanderwege.

Höchster Punkt: Etwa 1000 m.

Einkehrmöglichkeiten: Ghs. bei der Kirche in Maria Gern, Ghs. Theresienklause, Café Etzerschlößl.

Sehenswertes: Alte Bauernlehen, Wallfahrtskirche in Maria Gern.

Die Umgebung von Maria Gern — Vordergern, Obergern und Hintergern — ist in landschaftlicher Hinsicht eine der schönsten im Berchtesgadener Land. Nicht nur die alte Wallfahrtskirche und der Blick auf den Untersberg sind recht bemerkenswert, auch die noch malerischen Bauernhöfe an den Hängen strahlen etwas von dem besonderen Reiz aus, den so mancher im Berchtesgadener Land sucht und auch immer noch findet.

Die Hochtalrunde: Von der Kirche zunächst auf der Straße in Richtung Untersberg. Kurz hinter dem Gasthaus Theresienklause nehmen wir die Abzweigung nach links (Ende der öffentlichen Straße). Auf weiterhin asphaltierter Straße in einer Viertelstunde steil hinauf — vorbei am schöngelegenen Stiedlerlehen — bis zum Untersberghof. Am Gatter nun links (Beschilderung) und auf Wald- und Wiesenweg nach Obergern, das wir beim Stadlerhof erreichen. Die nun wieder asphaltierte Straße führt aussichtsreich und ziemlich eben bis zum Ascherlehen, wo wir den höchsten Punkt

Das Gerner Hochtal mit dem Fendtlehen, im Hintergrund der Watzmann.

unserer Wanderung erreichen. Von hier nun auf breitem Waldweg steil hinab zum Planitschlehen. Wir folgen ein kurzes Stück der Teerstraße bis links der Steig nach Bischofswiesen / Berchtesgaden abzweigt, der uns zuerst zum Klapflehen führt. (Hier bietet sich ein Abkürzer nach Maria Gern an.) Wir folgen nun der Asphaltstraße – erneute Abzweigung nach links – und gehen auf dieser hinunter nach Dietfeld, wo wir auf die Bundesstraße treffen; sodann wieder nach links bis zur Straßenverzweigung. Hier schlagen wir die Richtung nach Gern ein – Einkehrmöglichkeit beim Café Etzerschlößl –; an der letzten steilen Kurve verlassen wir die Autostraße und nehmen den beschilderten Weg durch die schattige Gerner Klamm. Hier können wir dann bald wieder hinauf zur Kirche steigen; falls unser Ausgangspunkt weiter oben liegt, wandern wir weiter bis wir auf die ersten Häuser treffen und folgen dann auf asphaltierter Straße dem Gernbach bis wir beim Gasthaus Bachgütl die Hauptstraße erreichen. Auf dieser zurück zu unserem Ausgangspunkt.

18 Kneifelspitze, 1189 m
Der Inselberg mit dem Rundum-Panorama

29.7.90 9⁰⁰ über Marxenhöhe 9⁴⁵ zur Spi... 11¹...

Maria Gern— Marxenhöhe — Kneifellehen — Kneifelspitze; evtl. Aufstieg Berchtesgaden — Kneifelspitze

Talort: Berchtesgaden, 573 m, bekannter Sommer- und Winterferienort (siehe Seite 11).

Ausgangspunkt: Wallfahrtskirche in Maria Gern, 730 m. Busverbindung von Berchtesgaden.

Parkmöglichkeit: Mehrere kleine Parkplätze am Ausgangspunkt.

Gehzeiten: Maria Gern — Marxenhöhe 20 Min.; Marxenhöhe — Kneifelspitze 1—1¹/₄ Std.; Rückweg nach Maria Gern 1 Std. Aufstieg von Berchtesgaden 1¹/₂—2 Std. Rückweg nach Berchtesgaden 1—1¹/₂ Std.

Anforderungen: Breite Wanderwege, ohne jede Schwierigkeiten.

Höchster Punkt: Kneifelspitze, 1189 m.

Einkehrmöglichkeiten: Paulshütte am Gipfel der Kneifelspitze (ganzj. bew.), Gasthäuser in Vordergern.

Sehenswertes: Rundum-Panorama, Wallfahrtskirche in Maria Gern, reizvolle alte Bauernhäuser.

Die Kneifelspitze ist ein bemerkenswerter Aussichtspunkt im Berchtesgadener Talkessel und zudem ein schönes und bequem zu erreichendes Ausflugsziel. Oben bietet sie nicht nur ein Rundum-Panorama – dieser kleine Gipfel ist nämlich ein Inselberg –, sondern auch eine gemütliche Gaststätte zur Einkehr. Am Weg liegen reizvolle alte Bauernanwesen – darunter auch ganz in der Nähe des Abstiegsweges nach Maria Gern das Schusterlehen, einer der letzten vollständig erhaltenen Zwiehöfe, eine bauliche Besonderheit des Berchtesgadener Landes.

Der Aufstieg: Zwischen der Kirche und dem Gasthaus in Maria Gern nach Südosten sehr steil auf Asphaltstraße hinauf. Bald neigt sich der Weg (Mark. G6) in die Horizontale und führt dann als Sandweg durch Wald. Nach etwa 20 Min. erreicht man wieder eine freie Fläche und damit auch die Abzweigung zum Aussichtspunkt Marxenhöhe. Dieser liegt nur etwa 5 Min. abseits vom Weg. Durch Wiesen und durch ein Waldstück nordostwärts ziemlich eben weiter, bis man auf den von Anzenbach heraufführen-

Am Weg zur Kneifelspitze.

den Fahrweg trifft. Auf diesem links hinauf, am Kneifellehen vorbei, zu einer Abzweigung. Hier rechts und langsam ansteigend durch Wald empor; das letzte Stück dann in steilen Kehren bis zum Gipfel bzw. Gasthaus.

Der Abstieg: Auf dem Anstiegsweg zurück bis zum Beginn der Serpentinen: Nun entweder auf dem Herweg zurück bis zum Kneifellehen oder auch linkshaltend auf Pfad, der direkt zum Kasperllehen hinunterführt. Auf dem Fahrweg hinaus nach Berchtesgaden, das man beim Parkplatz Salzbergwerk erreicht. Kurz oberhalb des Kneifellehens kann man auch die Abzweigung nach Westen zum Lauchlehen nehmen und erreicht so wieder den Ausgangspunkt Maria Gern.

19 Almbachklamm und Ettenberg

Auf den Spuren der Pioniere zu einem idyllischen Endpunkt

Kugelmühle — Almbachklamm — Ettenberg — Hammerstielwand — Kugelmühle

Talort: Berchtesgaden, 573 m, bekannter Sommer- und Winterferienort (siehe Seite 11).

Ausgangspunkt: Ghs. Kugelmühle im Tal der Berchtesgadener Ache, auf halbem Weg zwischen Berchtesgaden und Marktschellenberg (ausgeschildert), 300 Meter von der Hauptstraße. Anfahrt mit Bus (RVO) möglich.

Parkmöglichkeit: Parkplätze am Ausgangspunkt.

Gehzeiten: Almbachklamm — Abzweigung nach Ettenberg 3/4 Std.; Abzweigung nach Ettenberg — Ettenberg 40 Min.; Ettenberg — Hammerstielwand — Kugelmühle 3/4 Std.; insgesamt etwa 2 1/4 Std.

Anforderungen: Gut angelegter Steig, heikle Stellen in der Klamm sind mit Geländern und Stahlseilen abgesichert. Festes Schuhwerk empfohlen.

Höchster Punkt: Ettenberg, 832 m.

Einkehrmöglichkeiten: Ghs. Kugelmühle, Mesnerwirt in Ettenberg (mit Biergarten).

Sehenswertes: Kugelmühle, Klamm, Wallfahrtskirchlein in Ettenberg, Blick auf die Scheffau.

Der Weg durch die Almbachklamm führt — sei es zu Beginn oder am Ende der Tour — am Gasthaus Kugelmühle vorbei. Hier trifft man auf einen der ältesten Gewerbebetriebe Bayerns, die Untersberger Marmorkugelmühle, die seit 1683 in Betrieb ist. Von hier gingen einst die vor allem als Kinderspielzeug beliebten Marmeln (Schusser) in alle Welt. Noch 1921 wurden von hier die letzten Marmeln nach London versandt. Da diese Betriebe vor allem den armen Bergbauern zusätzliches Brot geben sollten, waren bis zur Mitte des letzten Jahrhunderts allein am Almbach 40 Kugelmühlen in Betrieb. Heutzutage ist es nur mehr eine, um den touristischen Bedarf zu decken. Der angelegte Steig durch die Klamm ist mit einer Gebühr belegt. Bereits 1894 haben bayerische Pioniere vorgearbeitet und tonnenweise Eisen verlegt.

Vom Gasthaus Kugelmühle über Ettenberg zurück zum Ausgangspunkt: Der Weg durch die Klamm führt gut gesichert zum Teil seitlich, zum

Teil direkt über der Klamm. Nach etwa einer Dreiviertelstunde hat man das Tosen und Brausen hinter sich und ein Schild weist in Richtung Ettenberg. Nun rechts in steilen gestuften Serpentinen durch Wald hinauf bis man nach einer guten halben Stunde den kleinen Wallfahrtsort mit seiner gelbgestrichenen Kirche zu Gesicht bekommt. Nach einer Stärkung beim Mesnerwirt (Biergarten) an der Kirche vorbei und in südöstlicher Richtung der Ausschilderung „Almbachklamm – Bushaltestelle" folgen. Seitlich an den Wiesen entlang – rechts des Haselnußzaunes – bis der Weg bald in steilen, aber breiten und gesicherten Serpentinen durch die Hammerstielwand hinab zum Ausgangspunkt führt.

Rückkehr nach Berchtesgaden: Falls man den Herweg mit dem Bus getätigt hat, bietet sich für den Rückweg die Wanderung entlang der Berchtesgadener Ache an (5 km; Mark. BA). Der breite Wanderweg beginnt südlich des Gasthauses Kugelmühle am Parkplatzende und endet ein kurzes Stück vor dem Parkplatz des Salzbergwerks.

Ettenberg auf der Ostseite des Untersberg.

20 Barmsteine, 841 und 851 m

Freier Blick in den Tennengau

Marktschellenberg — Köpplschneid — Götschenschneid — Mehlweg — Kleiner Barmstein — Großer Barmstein — Götschen — Marktschellenberg

Talort und Ausgangspunkt: Marktschellenberg, 479 m. Malerischer Ferienort an der Berchtesgadener Ache.
Parkmöglichkeit: Im Ort, in Nähe der Kirche.
Gehzeiten: Marktschellenberg — Barmsteine 1½—2 Std.; Abstieg nach Marktschellenberg 1¼ Std.
Anforderungen: Mit Ausnahme der Barmsteine, die Trittsicherheit und Schwindelfreiheit verlangen, einfache, gut mark. Wanderwege.
Höchster Punkt: Götschenschneid, 929 m.
Einkehrmöglichkeiten: Whs. Köpplschneid, Whs. Eibl / Knoll, Gasthäuser in Marktschellenberg.
Sehenswertes: Aussicht auf das Salzachtal, das Tennengebirge und den Dachstein.

Die Felstürme der Barmsteine auf dem Höhenrücken, der sich zwischen Marktschellenberg und Hallein nach Norden zieht, bilden ein Wahrzeichen von Hallein. Sie fallen auf der Ostseite steil und sind damit besonders lohnende Aussichtspunkte auf das Salzachtal, den Dachstein und das Tennengebirge. Von Marktschellenberg sind sie auf einem schönen schattigen Wanderweg in einer Rundtour erreichbar.

Aufstieg von Marktschellenberg: An der Pfarrkirche in Ortsmitte rechts vorbei (Kirchgasse), bis nach links der Wanderweg zum Gasthaus Köppl-

Blick vom Kleinen auf den Großen Barmstein, dahinter die Hohe Götschen und der Untersberg.

schneid beginnt (Mark. MS 3). Nun nordwärts ansteigend durch Wald und Hangwiesen – man überschreitet zwei Bäche – zum Gasthaus (auch mit Pkw erreichbar) in schöner Lage. Von hier nun auf Wiesenweg in Kehren hinauf auf die Köpplschneid. Bei der Wegabzweigung (MS9) rechts und nun in südöstlicher Richtung in leichtem Auf und Ab der Kammlinie folgend durch Wald – über die Götschenschneid und den Götschenkopf – bis zu den Häusern unterhalb des Luegbichls (Knollehen).

Von hier kann man bereits die Felsen der Barmsteine sehen. Dem Wegweiser folgend (MS8) durch Wiesen und Wald an den Fuß des Kleinen und Großen Barmsteins – für Schwindelfreie und Trittsichere bietet sich die kurze Besteigung (Steig des Kleinen Barmsteins bereits 1885 errichtet; Maibaum auf dem Gipfel) an. Weiter südostwärts zum Barmsteinlehen. Nun auf asphaltierter Straße westwärts hinab. An der Straßenverzweigung nach rechts auf dem Mehlweg in Richtung Götschen, bis nach etwa 300 Metern nach links ein Wanderweg (MS7) abzweigt. Auf ihm bis zur Asphaltstraße, sodann auf dieser vorbei am Bichllehen und Weberlehen; von hier westwärts hinab durch Wiesen zur Straße und zurück zum Ausgangspunkt.

21 Purtschellerhaus, 1692 m

Einladung zum Besuch einer traditionsreichen Unterkunft

Roßfeldstraße — Eckersattel — Purtschellerhaus; oder Enzianhütte — Eckersattel — Purtschellerhaus

Talort: Berchtesgaden, 573 m, bekannter Sommer- und Winterferienort (siehe Seite 11).

Ausgangspunkt: Roßfeldstraße (Maut) bei der Abzweigung zum Ahornkaser bzw. Roßfeldstraße bei der Enzianhütte. Busverbindung.

Parkmöglichkeit: Parkplätze entlang der Roßfeldstraße, im besonderen an der Abzweigung zum Ahornkaser sowie 300 m weiter oberhalb, auch einige Parkplätze im Bereich der Enzianhütte.

Gehzeiten: Von den Ausgangspunkten jeweils eine halbe Stunde bis zum Eckersattel, sodann zur gemeinsamem Weg zum Purtschellerhaus eine weitere halbe Stunde. Hin- und Rückweg 1³/₄ Std.

Anforderungen: Breite Wander- bzw. Wirtschaftswege zum Eckersattel, von dort bequemer Steig zum Haus.

Höchster Punkt: Purtschellerhaus, 1692 m

Einkehrmöglichkeiten: Ahornkaser, Purtschellerhaus (Übernachtung, Mitte Mai bis Mitte Okt. bew.).

Sehenswertes: Weiter Blick ins Berchtesgadener Land und in den Tennengau.

Ludwig Purtscheller gehörte zu den Bergsteigern des 19. Jahrhunderts mit den wohl meisten nachgewiesenen Touren. Nahezu 1700 Gipfel hat er in seinem Tourenbuch verzeichnet, viele davon erststiegen, unter anderem den Kilimandscharo. Kein Wunder also, daß Alpenfreunde ihm zu Ehren eine Hütte benannt haben. Für die Besteiger des Hohen Göll ist diese Hütte ein beliebter Stützpunkt, zudem bietet sie das gewisse Etwas an Gemütlichkeit und — nicht zu vergessen — eine geradezu herrliche Aussicht auf das Salzachtal. Anlaß genug, diesem Haus einen Besuch abzustatten.

Von der Roßfeld-Höhenringstraße: Von der Abzweigung zum Ahornkaser ein Stück Weges zurück in Richtung Ofnerboden, dann links — nach der Kurve — auf breitem Wanderweg hinunter zum Eckersattel (Achtung: Zollhäuschen, Ausweis nicht vergessen). Nun in südwestlicher Richtung ziemlich steil in Serpentinen hoch zur bald sichtbaren Hütte.

Der Hohe Göll von Norden, von der Roßfeldstraße.

Vom Ofnerboden zum Purtschellerhaus: Nach der zweiten großen Kehre am Ende des Ofnerbodens (Haltestelle) beginnt rechts ein steiler Fahrweg, der uns hinauf zum Eckersattel bringt. Nun rechts in Serpentinen steil hinauf zum Haus (Mark.-Nr. 451).

Der Rückweg: Auf dem gleichen Weg zurück oder – zur Abwechslung – beim Haus rechts hinunter auf die österreichische Seite und durch den steilen Hang zuerst in östlicher, dann in nördlicher Richtung bis knapp unterhalb des Eckersattels. Nun auf dem von Nordosten heraufkommenden Steig hinauf zum Sattel und zurück zum jeweiligen Ausgangspunkt.

22 Kehlsteinhaus, 1837 m

Auf das ehemalige D-Haus „Adlerhorst"

Obersalzbergbahn-Bergstation bzw. Ofnerboden — Kehlsteinhaus; Rückweg auf dem gleichen Weg oder Abfahrt mit Bus

Talort: Berchtesgaden, 573 m, bekannter Sommer- und Winterferienort (siehe Seite 11).

Ausgangspunkt: Bergstation der Obersalzbergbahn oder Ofnerboden, etwa 1175 m, an der Roßfeldstraße (Auffahrt Obersalzberg; Mautstraße).

Parkmöglichkeit: An der Talstation der Obersalzbergbahn oder am Ausgangspunkt Ofnerboden (beschränkte Zahl); besser Auffahrt mit Bus (Haltestelle).

Gehzeiten: Bergstation der Obersalzbergbahn — Kehlsteinhaus 2¹/₂ Std.; Ofnerboden — Kehlsteinhaus 2 Std.; Abstieg Kehlsteinhaus — Ofnerboden

1¼ Std.; zur Bergstation der Obersalzbergbahn 1¾ Std.

Anforderungen: Von der Bergstation der Obersalzbergbahn Wanderweg, vom Ofnerboden zum Kehlsteinhaus asphaltierter Weg. Das Begehen der Kehlsteinstraße ist nicht gestattet!

Höchster Punkt: Kehlsteinhaus, 1837 m.

Einkehrmöglichkeiten: Kehlsteinhaus, (keine Übernachtung, Mitte Mai bis Eintritt des Schneefalls bew.), Whs. Sonneck.

Sehenswertes: Aussicht auf Berchtesgaden.

Der Kehlstein ist ein Berg mit Geschichte. Dieser dem Hohen Göll vorgeschobene Bergrücken bietet nicht nur aufgrund seiner Lage eine hervorragende Aussicht, nein, auch die Geschichte kommt nicht zu kurz. Wer sich

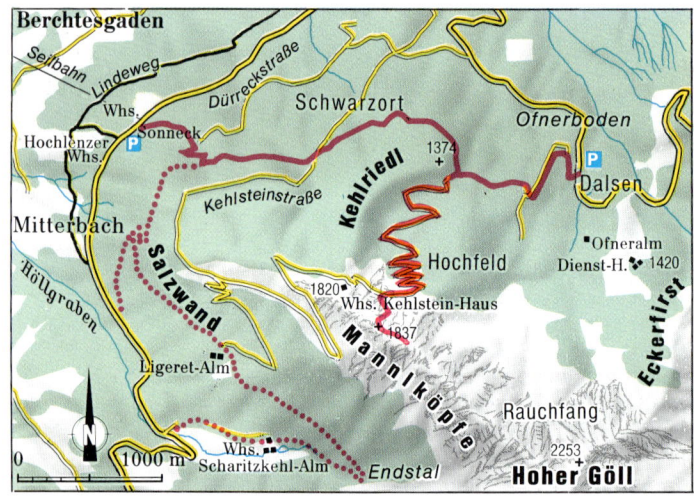

Das stark besuchte Kehlsteinhaus.

den Aufstieg zu Fuß ersparen will, der kann sich der Buslinie bedienen, die bis knapp unter den Gipfel führt. Auf dem Gipfel befindet sich nämlich Hitlers ehemaliges Teehaus, auch D-Haus oder „Adlerhorst" genannt. Als Aufstiegshilfe für den Wanderer kommt dabei die Obersalzbergbahn in Frage.

Von der Bergstation der Obersalzbergbahn: Auf der Dürreckstraße nach links – am Gasthaus Sonneck vorbei – bis nach ein paar hundert Metern das Schild zum Kehlstein weist. Nun rechts auf Wanderweg durch Wald aufwärts bis wir auf die asphaltierte Wanderstraße (Mark. OS und OS) treffen; wir queren zuerst die Salzwandstraße, sodann die Kehlsteinstraße (hier links weiter) und gelangen so zum Aussichtspunkt bei der verfallenen Unteren Kehlalm. Bei der Gabelung halten wir uns rechts und treffen bald auf den vom Ofnerboden heraufkommenden Weg. Auf der Nordseite des Berges nun unterhalb des Kehlriedels in stetig steigenden Kehren (der Sonne etwas ausgesetzt) höher, bis wir auf dem Buswendeplatz ankommen. Nun zu Fuß oder mit dem Aufzug zum Kehlsteinhaus.

Vom Ofnerboden auf das Kehlsteinhaus: Von der Haltestelle auf dem rechts in den Wald führenden Weg, bis wir bald auf den asphaltierten Wanderweg treffen. Auf diesem ansteigend, bis wir auf den vom Obersalzberg herkommenden Wanderweg treffen. Weiter wie oben.

Die Rückkehr: Wie Anstiege oder mit dem Bus.

23 Endstal

Im Bereich der mächtigen Göll-Westwand

Dürreckstraße — Scharitzkehlalm — Endstal — Ligeretalm — Dürreckstraße (Graflhöhe)

Talort: Berchtesgaden, 573 m, bekannter Sommer- und Winterferienort (siehe Seite 11).
Ausgangspunkt: Dürreckstraße beim Ghs. Graflhöhe, Busverbindung. Oder: Obersalzbergbahn-Bergstation.
Parkmöglichkeit: Parkplätze entlang der Straße.
Gehzeiten: Dürreckstraße — Scharitz-

kehlalm ¹/₄ Std.; Scharitzkehlalm — Ligeretalm — Dürreckstraße (Graflhöhe) 1½ Std.
Anforderungen: Breite Wanderwege, streckenweise asphaltiert.
Höchster Punkt: Ligeretalm, 1190 m.
Einkehrmöglichkeiten: Scharitzkehlalm, 1024 m (ganzj.), Whs. Graflhöhe, Whs. Sonneck.

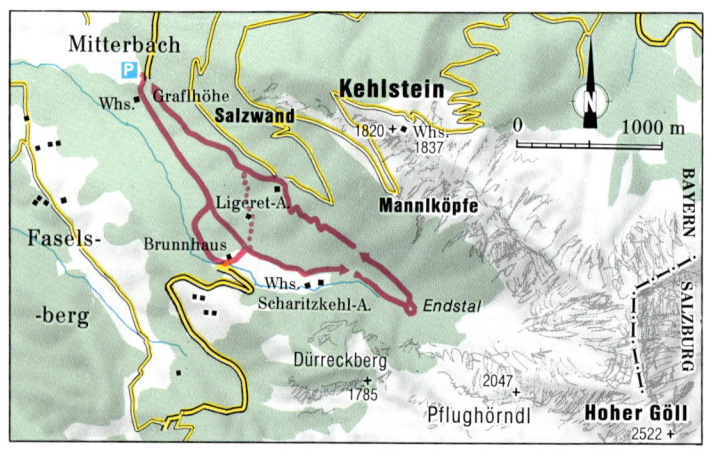

Oberhalb Berchtesgadens – im Bereich der Obersalzbergbahn – durchziehen zahlreiche kleine Straßen und Wanderwege die weiten baumbestandenen Hänge unterhalb des Kehlsteins. Die Hauptverkehrsader bildet dabei die Dürreckstraße nach Vorderbrand. An ihr gelegen sind einige bevorzugte Ausflugsziele wie das Gasthaus Graflhöhe, das wir uns heute als Ausgangspunkt wählen. Von hier wollen wir ins Felshalbrund auf der Westseite des Hohen Göll – dem Endstal – das dem Gebiet einen bemerkenswerten hochalpinen Anstrich verleiht. Zudem liegt dort eine vielbesuchte Ausflugsgaststätte, die einen zusätzlichen Anreiz bildet.

Das Endstal mit der vielbesuchten Ausflugsgaststätte Scharitzkehlalm, dahinter die Göll-Westwand.

Die Rundtour: Vom Gasthaus Graflhöhe wandern wir in südlicher Richtung auf dem Unteren Lindeweg etwa eine Viertelstunde entlang und erreichen die Dürreckstraße. Wir überqueren die Straße – man kann auch auf der Straße eine Viertelstunde weitergehen bis man auf die Zufahrtsstraße zur Scharitzkehlalm trifft und dann ins Endstal gelangen – und gehen durch Wald höher auf Wanderweg und erreichen auf der Rückseite des Klausbichels den Zufahrtsweg zur Alm. Links an der Alm vorbei in einer Viertelstunde ins hintere Endstal bis unter die mächtigen Felsabbrüche der Göll-Westwand. Da wo der Weg eine scharfe Kehre macht, kann man noch ein Stück auf Pfad höhersteigen. Wir aber gehen weiter auf der nun wieder asphaltierten Straße, die uns zuerst leicht ansteigend, dann eben zur Ligeretalm bringt. Schöne Blicke unterwegs auf das Watzmannmassiv. Wir folgen nun der Beschilderung, die uns in Richtung Obersalzbergbahn und damit zurück zum Ausgangspunkt bringt. (Variante: Direkt bei der Ligeretalm zweigt nach links ein kleiner Weg ab, der uns, immer in nordwestlicher Richtung absteigend, ebenfalls zurückbringt).

24 Jenner-Umrundung

Rundtour um eine Bergwander-Drehscheibe

Hinterbrand — Mitterkaseralm — Jennerbahn-Bergstation — Jenner-Gipfel — Königsbachtal — Königsbachalmen — Hinterbrand

Die Königsbachalmen oberhalb des Königssees.

Talort: Königssee, 602 m, am gleichnamigen See, oder Berchtesgaden, 573 m, bekannter Sommer- und Winterferienort (siehe Seite 12)
Ausgangspunkt: Parkplatz Hinterbrand, 12 km von Berchtesgaden, über Obersalzberg und die Dürreckstraße zu erreichen.
Gehzeiten: Hinterbrand — Mitterkaseralm — Jennerbahn-Bergstation 2½ Std.; zum Jenner-Gipfel ¼ Std.; Abstieg zu den Königsbachalmen 1¾ Std.; zurück nach Hinterbrand eine weitere Stunde.
Anforderungen: Leicht begehbare Bergwege, zum großen Teil Wirtschaftswege.
Höchster Punkt: Jenner-Gipfel, 1874 m.
Einkehrmöglichkeiten: Mitterkaseralm (Anfang Juni bis Mitte Okt. und einige Wintermonate), 1534 m, Jennerbahn-Bergstation, Jennerhaus (ganzj. bew.), 1260 m, Königsbachalm.
Sehenswertes: Blick auf Watzmann und Königssee, auf Berchtesgaden sowie das Steinerne Meer.

Der Jenner kann als einer der zentralen Wandergipfel im Berchtesgadener Bereich angesehen werden, denn er bietet mit seiner Gondelbahn eine bequeme Aufstiegshilfe – und von der Mittel- wie auch von der Bergstation verzweigen zahlreiche bequeme Wanderwege. Von seinem Gipfel weitet sich der Blick enorm – tief unten der Königssee, darüber die Felsgestalten des Steinernen Meeres und am Ende desselben der firnglänzende Hochkönig mit der Übergossenen Alm. Auf der anderen Seite Berchtesgaden.

Von Hinterbrand zur Jennerbahn-Bergstation: Vom Parkplatzende in Hinterbrand geht der Weg links weg durch Wald leicht ansteigend, bis man auf die Fahrstraße (nicht öffentlich) zur Jennerbahn-Mittelstation trifft. Etwa 400 Meter vor der Station führt links ein schmaler Weg durch Matten steil hinauf und trifft ein Stück oberhalb des Schleppliftendes auf den Fahrweg zur Mitterkaseralm. Die Fahrstraße führt um den Vogelstein herum und trifft dann bald auf den Kessel, in dem die bewirtschaftete Mitterkaseralm steht. Man läßt die Alm links liegen und geht rechts über einen gestuften Weg auf den Kamm hinauf, der den Jenner mit dem Pfaffenkegel verbindet. Eine Viertelstunde rechts hinauf zur Jennerbahn-Bergstation.

Abstecher zum Jenner-Gipfel: Von der Bergstation in westlicher Richtung auf breitem Weg hinauf zur Aussichtsplattform und zum Gipfel.

Abstieg zu den Königsbachalmen und Rückkehr zum Ausgangspunkt: Von der Bergstation auf den rechts steil hinabführenden Steig, der zur Wirtschaftsstraße führt, die zum Schneibsteinhaus hinaufgeht. Rechts hinunter zu den Königsbachalmen. Bei der Wegverzweigung wieder rechts hinunter, die Almen bleiben links liegen, und leicht ansteigend wieder in nordwestlicher Richtung hinauf, dann auf der Westseite des Jenner zurück zur Mittelstation und zum Ausgangspunkt. (Von den Königsbachalmen ist ein direkter Abstieg nach Königssee möglich; Mark. Nr. 493.)

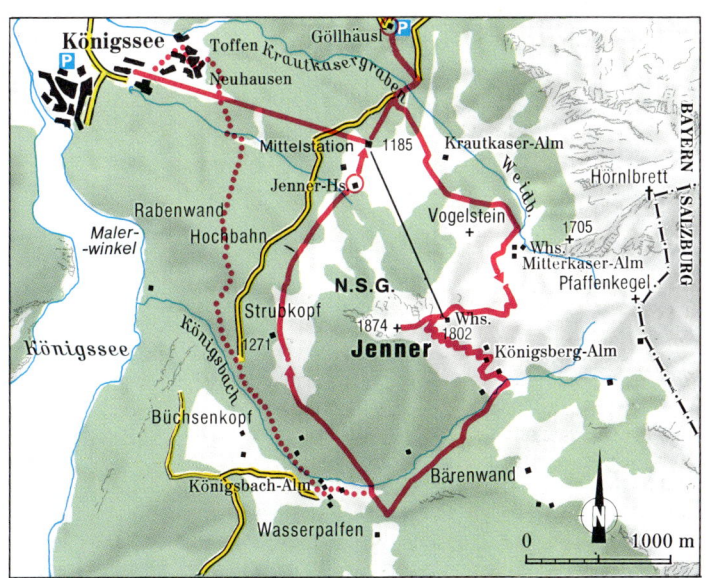

25 Schneibstein, 2276 m

Auf den leichtesten Berchtesgadener Zweitausender

Jennerbahn-Bergstation — Jennersattel — Carl-von-Stahl-Haus — Torrener Joch — Schneibstein

Talort: Königssee, 602 m, am Nordende des gleichnamigen Sees bzw. Berchtesgaden, 573 m (siehe Seite 11 und 12).
Ausgangspunkt: In Verbindung mit Tour 24 Parkplatz Hinterbrand, 12 km von Berchtesgaden, über Obersalzberg und die Dürreckstraße zu erreichen, sonst Jennerbahn-Bergstation.
Parkmöglichkeit: Wie bei Tour 24 bzw. Großparkplatz am Ortsanfang von Königssee (Gebühr).
Gehzeiten: Jennerbahn-Bergstation — Schneibstein 2½ Std. Abstieg 2½ Std., ansonsten 1¾ Std. zur Jennerbahn-Bergstation.

Anforderungen: Leichte Bergwanderung teils auf Wirtschaftsweg bzw. leichtem Bergsteig.
Höchster Punkt: Schneibstein, 2276 m.
Einkehrmöglichkeiten: Mitterkaseralm, (Anfang Juni bis Mitte Okt. und einige Wintermonate), 1534 m, Jennerbahn-Bergstation, Carl-von-Stahl-Haus, 1731 m (Übernachtung, ganzj. bew., Nov. geschlossen), evtl. Schneibsteinhaus, 1670 m (Übernachtung, ganzj. bew., Mitte Okt. bis Mitte Dez. geschlossen) oder Königsbachalm.
Sehenswertes: Einblick in die einsame Felswildnis des Hagengebirges.

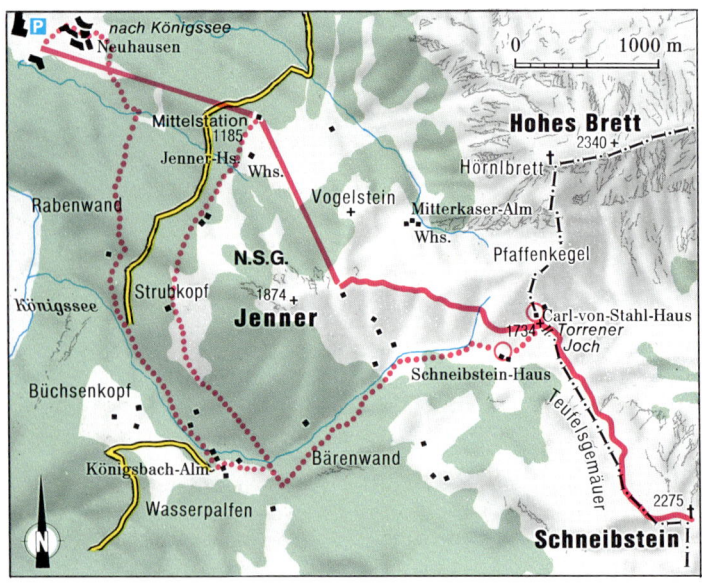

Blick vom Jenner zum Torrener Joch – im Hintergrund ist das Tennengebirge zu erkennen; der Anstieg auf den Schneibstein führt vom Joch rechts hoch.

Der Schneibstein ist durch den Bau der Jennerbahn in den frühen 50er Jahren zum leichtest erreichbaren Zweitausender in den Berchtesgadener Alpen vorgerückt, und das wissen nicht nur die Skifahrer zu schätzen. In nur ein paar Stunden Gehzeit tut sich ein wahrhaft grandioser Blick auf, vorausgesetzt man nimmt das Angebot der Aufstiegshilfe in Anspruch, ansonsten dauert es schon einige Zeit länger. Als kleiner Abstecher kann auch der Jenner-Gipfel noch mitgenommen werden.

Von der Jennerbahn-Bergstation über das Stahlhaus auf den Schneibstein: Zur Bergstation von der Talstation in Königssee oder von der Mittelstation (Anfahrt Hinterbrand). Anstieg zu Fuß siehe Tour 24. Von der Bergstation auf Serpentinen in östlicher Richtung hinab zum Jennersattel; dann auf Wanderweg in leichtem Auf und Ab in einer halben Stunde hinüber zum Stahlhaus am Torrener Joch (¾ Std.); weiter von dort in südöstlicher Richtung auf bezeichnetem Steig (Mark. Nr. 416) und hinauf zum aussichtsreichen Gipfel.

Die Rückkehr erfolgt auf dem selben Weg. Oder: Man kann auch zum Schneibsteinhaus hinabwandern und den Weg zu den Königsbachalmen nehmen (siehe Tour 24). Von dort bietet sich die Variante direkt hinab nach Königssee an.

26 Unterer Hirschenlauf

Auf einem abwechslungsreichen Bergsteig zur Gotzenalm

Jennerbahn-Mittelstation — Königsbachalmen — Priesbergalmen — Unterer Hirschenlauf — Seeaualm — Gotzenalm — Gotzentalalm — Kessel bzw. Königsbachalm — Jennerbahn-Mittelstation

Talort: Königssee, 602 m, am Nordende des gleichnamigen Sees mit Hotels und Gaststätten sowie Bootshäusern und Bootsstegen. Abfahrtsstelle für alle Boote über den Königssee (letzte Rückfahrtsmöglichkeit erkunden).
Ausgangspunkt: Bergstation der Jennerbahn-Mittelstation oder Hinterbrand.
Parkmöglichkeit: Großparkplatz am Ortsanfang von Königssee (Gebühr). Oder in Hinterbrand (Parkplätze entlang der Straße).
Gehzeiten: Jennerbahn-Mittelstation — Königstalalmen 1 Std. Königstalalmen — Priesbergalmen — Unterer Hirschenlauf — Gotzenalm 3 Std.; Gotzenalm — Gotzentalalm 1 Std.; Abstieg zum Kessel 1 Std. bzw. Rückkehr zur Jennerbahn-Mittelstation 2 Std.
Anforderungen: Teilweise breiter Wan-

derweg, teilweise schmaler Bergsteig.
Höchster Punkt: Etwa 1500 m.
Einkehrmöglichkeiten: Jennerhaus (Übernachtung, ganzj. bew.), Gotzenalm (Übernachtung, von Pfingsten bis Anfang Okt. bew.), Königsbachalm.
Sehenswertes: Blick auf Watzmann und Königssee.

Von der Jennerbahn-Mittelstation über die Königsbach- und die Priesbergalmen zur Gotzenalm: Auf dem breiten Wanderweg (Mark.-Nr. 497) leicht ansteigend in südlicher Richtung, dann eben in leichtem Bogen um den Jennergipfel, sodann hinunter zur Wegteilung oberhalb der Königsbachalmen. Nun ein kurzes Stück steil hinauf, dann im gemächlichen Auf und Ab, an der Branntwein-Brennhütte, 1352 m, vorbei, zu den Priesbergalmen, die man nach eineinhalb Stunden erreicht. Ab hier wird der Weg schmal. An den am Weg liegenden Almen vorbei und zunächst eben weiter durch Almwiesen, dann hinab in einen Graben zur Wegabzweigung. Hier beginnt rechts der Steig (Mark.-Nr. 495) über den Unteren Hirschenlauf, der uns – zum großen Teil durch Wald – hinüber zur Seeaualm bringt. Nach links in steilen Kehren hinauf zur Gotzenalm (siehe Tour 27).

Der Rückweg: Von der Gotzenalm auf dem Anstiegsweg zurück (Mark.-Nr. 493), an der Einmündung des Unteren Hirschenlaufs nun vorbei und auf dem Forstweg in weiten Kehren hinab zur Gotzentalalm. Hier bieten sich zwei Möglichkeiten: Nach links hinab zur Bedarfshaltestelle „Kessel" der Königssee-Schiffahrt (siehe Tour 27), oder: wir verlassen bei der Gotzentalalm die Forststraße nach rechts und wandern zurück zu den Königsbachalmen und zur Jennerbahn-Mittelstation.

Die Diensthütte am Weg zu den Priesbergalmen.

27 Gotzenalm, 1685 m

Auf großen Höhen zum anderen Ende des Königssees

Kessel – Gotzentalalm – Gotzenalm (Springlkaser) – Feuerpalfen – Reitweg – Regenalm – Kaunersteig – Saletalm

Der Springlkaser auf der weiten Almfläche der Gotzenalm.

Talort: Königssee, 602 m, (siehe Seite 12, letzte Rückfahrtsmöglichkeit erkunden).

Ausgangspunkt: Bedarfshaltestelle „Kessel" (beim Kapitän anmelden) auf etwas mehr als der halben Strecke nach St. Bartholomä.

Parkmöglichkeit: Großparkplatz am Ortsanfang von Königssee (Gebühr).

Gehzeiten: Kessel – Gotzenalm 3¹/₂ Std.; Abstieg über den Kaunersteig zur Saletalm 2¹/₂ Std. Rückfahrt mit Motorboot.

Anforderungen: Anstieg zur Gotzenalm auf bez., leichten Wanderwegen; Abstieg zur Saletalm auf teilweise schmalem Weg, das letzte Stück davon, der Kaunersteig, ist steil (zahllose Stufen).

Höchster Punkt: Feuerpalfen, 1741 m.

Einkehrmöglichkeit: Gotzenalm (Übernachtung, von Pfingsten bis Anfang Okt. bew.); evtl. Saletalm.

Sehenswertes: Blick vom Feuerpalfen auf die Watzmann-Ostwand und den Königssee; Blick auf die „Übergossene Alm" im Hochköniggebiet.

Das ausgedehnte Hochplateau der Gotzenberge, das sich auf der Ostseite des Königssees erhebt, gehört neben dem Alm-Dorf Kallbrunn zu den größten zusammenhängenden Almgebieten der Berchtesgadener Alpen. Das im Westen und Süden steil abfallende Massiv war schon vor der Gründung Berchtesgadens Almgebiet (bereits seit dem 8. Jahrhundert wurde von Salzburg aus aufgetrieben). Für den Wanderer ist die „Gotzen" eines der großen lohnenden Ziele geworden, wenn auch der An- und der Abstieg ein gewisses Maß an Kondition erfordert.

Von der Bedarfshaltestelle „ Kessel" zur Gotzenalm: Auf dem ehemaligen Reitweg (Mark. Nr. 494) der bayerischen Könige in weiten Serpentinen steil hinauf durch Wald zur Gotzentalalm, auf etwa 1100 Meter Höhe, die man nach etwa 1½ Std. Gehzeit erreicht. Nun rechts auf der Forststraße in Kehren hinauf zur Seealm und in weiten und ebenfalls steilen Serpentinen auf das weite Almplateau.

Von der Gotzenalm über den Kaunersteig zur Saletalm: Auf dem bez. Reitweg (Mark. Nr. 492/493) zuerst in östlicher, dann südlicher Richtung eben weiter, dann durch Wald hinab zur Regenalm; direkt am Kaser führt der kleine Steig rechts vorbei durch Almwiesen, bis uns wieder der Wald schluckt. Immer steil hinab in westlicher Richtung bis zu den zahllosen Stufen des Kaunersteigs. Auf diesen hinab bis zur Bootsanlegestelle.

28 Grünstein, 1304 m

Aussichtskanzel auf Königssee und Berchtesgaden

Schönau-Kramerlehen – Hammerstiel – Grünsteinhütte – Grünstein – Königssee

Talort: Berchtesgaden, 573 m, bekannter Sommer- und Winterferienort (siehe Seite 11).

Ausgangspunkt: Schönau-Ilsank bei der Bushaltestelle Kramerlehen.

Parkmöglichkeiten: Im Bereich des Ausgangspunktes und entlang der Straße zur Gaststätte Hammerstiel.

Gehzeiten: Schönau-Ilsank – Hammerstiel — Grünsteinhütte 2 Std.; zum Gipfel eine weitere Viertelstunde; Abstieg nach Königssee 1 Std.; Rückkehr nach Schönau mit Bus oder zu Fuß 1¼ Std.

Anforderungen: Der Weg von Schönau führt durch schattigen Wald und ist ohne jede Schwierigkeit; der Abstieg nach Königssee ist etwas steil, aber gut begehbar.

Höchster Punkt: Grünstein, 1304 m.

Einkehrmöglichkeiten: Grünsteinhütte, 1200 m (keine Übernachtung, von Mitte Mai bis Ende Okt. bew.), und Gasthäuser in Königssee.

Sehenswertes: Hervorragende Aussicht auf Königssee, Berchtesgaden und auf den Watzmann.

Am Nordende des Königssees, dem Watzmann gegen die Schönau vorgelagert, befindet sich ein Bergkegel, der nach Osten und Süden steil abfällt, und der von unten gesehen einen nicht unproblematischen Anstieg verheißt, bei Tuchfühlung sich aber als leichter, wenn auch etwas steil anzuge-

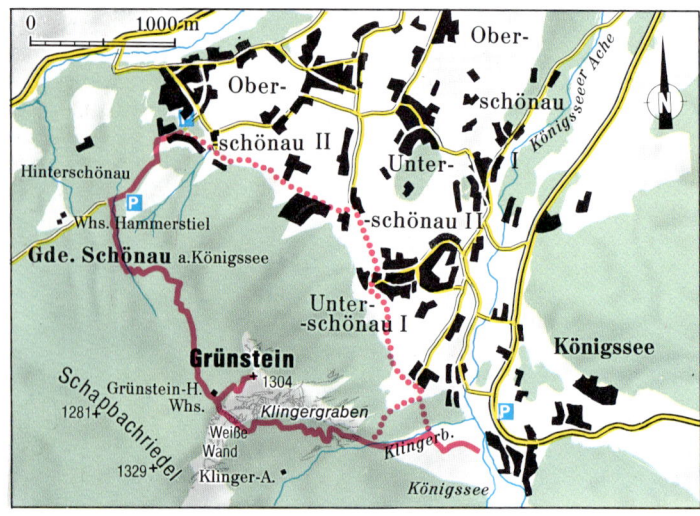

Blick vom Grünstein auf das Nordufer des Königssees.

hender Aussichtspunkt erweist. Um die Steilheit für den Anstieg nicht zu
arg in die Knochen schießen zu lassen, wollen wir uns das steilste Stück
für den Abstieg vorbehalten, und nehmen für den Anstieg den gut bezeichneten Weg von Schönau über Hammerstiel.

Von Schönau-Kramerlehen über Hammerstiel auf den Grünstein:
Auf der asphaltierten Fahrstraße (zuerst 100 m in Richtung Grünstein, dann
200 m rechts, dann wieder links) in südwestlicher Richtung leicht ansteigend bis kurz vor den Gasthof Hammerstiel. Hier weist eine Wegtafel auf
der linken Straßenseite den Weg (Nr. 445). Durch Wald zuerst eben, dann
beständig mäßig ansteigend höher – der Weg verzweigt sich zu Anfang,
trifft sich aber knapp unterhalb des Grünsteinsattels wieder – bis man auf
die bewirtschaftete Grünsteinhütte, 1200 m, trifft, die sich ein bißchen im
Wald versteckt hält. Bei dieser in leicht ansteigenden Kehren hinauf zum
aussichtsreichen Gipfel mit Kreuz.

Abstieg durch den Klingergraben und Rückkehr nach Schönau:
Vom Gipfel wieder zurück zur Hütte, sodann auf dem linkerhand der Hütte
und durch die Abbrüche der Weißen Wand führenden Steig steil hinab in
den Klingergraben. Bei der Wegverzweigung am oberen Ende der Rennro-
delbahn entweder rechts hinunter nach Königssee und mit dem Bus direkt
zurück nach Schönau oder nach links und immer sich am Bergfuß haltend
auf Wegen und Straßen zum Ausgangspunkt zurück.

29 Archenkanzel

Freier Blick auf St. Bartholomä

Königssee – Klinger – Kühroint – Archenkanzel – (evtl. Rinnkendl-steig – St. Bartholomä – Rückfahrt mit Boot)

Talort: Königssee, 602 m, am Nordende des gleichnamigen Sees mit Hotels und Gaststätten sowie Bootshäusern und Bootsstegen. Abfahrtsstelle für alle Boote über den Königssee (letzte Rückfahrtsmöglichkeit erkunden).

Ausgangspunkt: Großparkplatz am Ortsanfang von Königssee (Gebühr).

Gehzeiten: Königssee – Kühroint 2½ Std.; Kühroint – Archenkanzel ½ Std. (Abstieg über den Rinnkendlsteig nach St. Bartholomä 2½ Std. Rückfahrt mit Boot ½ Std.).

Anforderungen: Der Weg ist bez. und bis zur Archenkanzel ohne jede Schwierigkeit zu bewältigen, der Abstieg über den Rinnkendlsteig nach St. Bartholomä ist ausgesetzt, verlangt also Schwindelfreiheit und Trittsicherheit. Ungeübte sollten auf jeden Fall an der Archenkanzel umkehren und den Anstiegsweg für die Rückkehr benutzen.

Höchster Punkt: Kührointhütte, 1420 m.

Einkehrmöglichkeiten: Kührointhütte (Übernachtung, von Anfang Juni bis Ende Sept. bew.) und evtl. Ghs. in St. Bartholomä.

Sehenswertes: Tiefblick von der Archenkanzel auf den Königssee.

Da der Königssee von allen Seiten mit zum Teil jäh abbrechenden Wänden umgrenzt wird, bieten sich natürlich von einigen Aussichtspunkten atemberaubende Tiefblicke an. Einer der bekanntesten davon ist die Aussicht vom Jenner, ein anderer der vom Feuerpalfen im Bereich der Gotzenalm – einen nicht weniger spektakulären Blick hat man von der Archenkanzel im

Die Kührointalmen im Watzmannstock.

Bereich der Kührointalm. Da der Aufstieg von St. Bartholomä über den Rinnkendlsteig nur Geübten vorbehalten ist, nehmen wir eben den leichteren . . .

Von Königssee über die Kührointalm zur Archenkanzel: Vom Großparkplatz zum See, dann nach rechts über die Wehr-Brücke. Jenseits beginnt der Weg nach Kühroint bis zur Kunsteis-Rodelbahn. Hier durch den Klingergraben aufwärts – zuerst dem Anstieg zum Grünstein folgend – bis nach einer Dreiviertelstunde der Weg (Mark. 443) nach links zur Klingeralm abzweigt. Immer leicht ansteigend durch Wald – man kreuzt bei der Herrenroint die von Schönau heraufkommende Forststraße – und erreicht Kühroint mit den Almen und der Unterkunfts- und Rasthütte, 1420 m. Direkt bei der Kührointhütte führt der Wanderweg (Mark. S 10) links in Richtung Bartholomä weg und bringt uns in einer halben Stunde zum Aussichtspunkt Archenkanzel – der Weg leitet dabei zum Teil durch Wald und ein kurzes Stück auf der Forststraße. Wenige Minuten vor dem Aussichtspunkt geht rechts der Rinnkendlsteig (Mark. 433) ab.

Der Rückweg erfolgt auf dem Anstiegsweg. Oder von Kühroint durch den Schapbachgraben hinaus (siehe Tour 33) und mit dem Bus zurück nach Königssee.

30 Eiskapelle

An den Fuß der Watzmann-Ostwand

Königssee – St. Bartholomä – Eisgraben – Eiskapelle

Talort: Königssee, 602 m, am Nordende des gleichnamigen Sees mit Hotels und Gaststätten sowie Bootshäusern und Bootsstegen. Abfahrtsstelle für alle Boote über den Königssee (letzte Rückfahrtsmöglichkeit erkunden).
Ausgangspunkt: St. Bartholomä, 605 m (Gasthaus und Kapelle)
Parkplatz: Großparkplatz am Ortsanfang von Königssee (Gebühr).
Gehzeiten: (Bootsfahrt nach St. Bartholomä ½ Std.) St. Bartholomä – Eiska-

pelle 1 Std.; Rückweg ebenfalls etwa 1 Std.
Anforderungen: Breiter Wanderweg, die letzten 200 Meter auf schmalem Pfad und über Geröll.
Höchster Punkt: Eiskapelle, 834 m.
Einkehrmöglichkeiten: Ghs. in St. Bartholomä mit Biergarten (keine Übernachtung).
Sehenswertes: Gewaltige Felslandschaft der Watzmann-Ostwand, Eiskapelle, Kapelle in St. Bartholomä.

Der Besuch der Eiskapelle am Fuß der Watzmann-Ostwand, kann als lohnender Tagesausflug empfohlen werden. Die Eiskapelle, ein oft ganzjähriger Lawinenrest, ist jedoch besser nicht zu betreten – Einsturzgefahr. Die Höhlung im Innern der Lawinen, die dieser Naturformation den Namen gegeben hat, ist durch Abschmelzung bedingt.

Von St. Bartholomä: Von der Bootsanlegestelle geht man rechts oder links um die große Wiese herum; rechts am besten vorbei am Gasthaus mit Biergarten. Hundert Meter dahinter links weiter und auf dem breiten Weg (Mark. Nr. 446) in Richtung Eisbachtal. Nach einer Viertelstunde trifft man auf die Brücke über den Eisbach. Man quert und geht dann links steil höher

Die gewaltigen Felsen der Watzmann-Ostwand von St. Bartholomä aus.

durch dichten Wald bis man nach etwa 20 Min. wieder auf flacheres Gelände kommt. Zu Ende des Weges verschmälert sich der Zugang zu einem breiten Pfad. Über Geröll und Steinlawinen bis knapp an die Eiskapelle.

Der Rückweg erfolgt auf dem gleichen Weg.

31 Kärlingerhaus

Der weite, aber abwechslungsreiche Weg ins Steinerne Meer

St. Bartholomä – Schrainbachtal – Saugasse – Oberlahneralm – Ofenloch – Kärlingerhaus; zurück evtl. über den Sagerecksteig

Talort: Königssee, 602 m, am Nordende des gleichnamigen Sees mit Hotels und Gaststätten sowie Bootshäusern und Bootsstegen. Abfahrtsstelle für alle Boote über den Königssee (letzte Rückfahrtsmöglichkeit erkunden).
Ausgangspunkt: In St. Bartholomä.
Parkplatz: Großparkplatz am Ortsanfang von Königssee (Gebühr).
Gehzeiten: (Bootsfahrt nach St. Bartholomä 1/2 Std.) St. Bartholomä – Saugasse – Kärlingerhaus 31/2—4 Std.; Rückweg 3 Std., über Sagerecksteig 4 Std.; insgesamt etwa 7 Std.

Anforderungen: Breiter, bez. und leicht begehbarer Wanderweg. etwas Kondition erforderlich, wenn man die Tour an einem Tag schaffen will. Die Abstiegsvariante über den Sagerecksteig ist nur für Trittsichere. Besser mit Übernachtung.
Höchster Punkt: Funtenseesattel, 1672 m.
Einkehrmöglichkeiten: Ghs. in St. Bartholomä, Kärlingerhaus (Übernachtung, von Pfingsten bis Anfang Okt. bew.).
Sehenswertes: Königssee, Karstlandschaft des Steinernen Meeres, Funtensee.

Das Kärlingerhaus im Steinernen Meer.

Von St. Bartholomä über die Saugasse zum Kärlingerhaus: Von der Bootsanlegestelle nach links und eben auf gut bez. Weg (Mark. Nr. 412) dem See entlang bis an die Felsen der Burgstallwand. Auf breitem Serpentinenweg hinauf, über den Schrainbach – nicht weit vom Weg der Schrainbach-Wasserfall – und nun zuerst auf dessen linker, dann auf der rechten Seite höher; nach der verfallenen Unterlahneralm kommt man dann bald zur engen Steilpassage der sogenannten Saugasse. In Serpentinen hoch, dann nurmehr leicht ansteigend ins Hochtal zur verfallenen Oberlahneralm, weiter durch das „Ofenloch" und hinauf zum Funtenseesattel. Leicht fallend zum Kärlingerhaus am Funtensee.

Gipfelziele: Feldkogel (1 Std.), Halsköpfl (1½ Std. ab Sagerecksteig).

Die Rückkehr erfolgt auf dem gleichen Weg. Oder: Über den Grünsee und den Sagerecksteig (Mark.-Nr. 422) hinunter zur Saletalm.

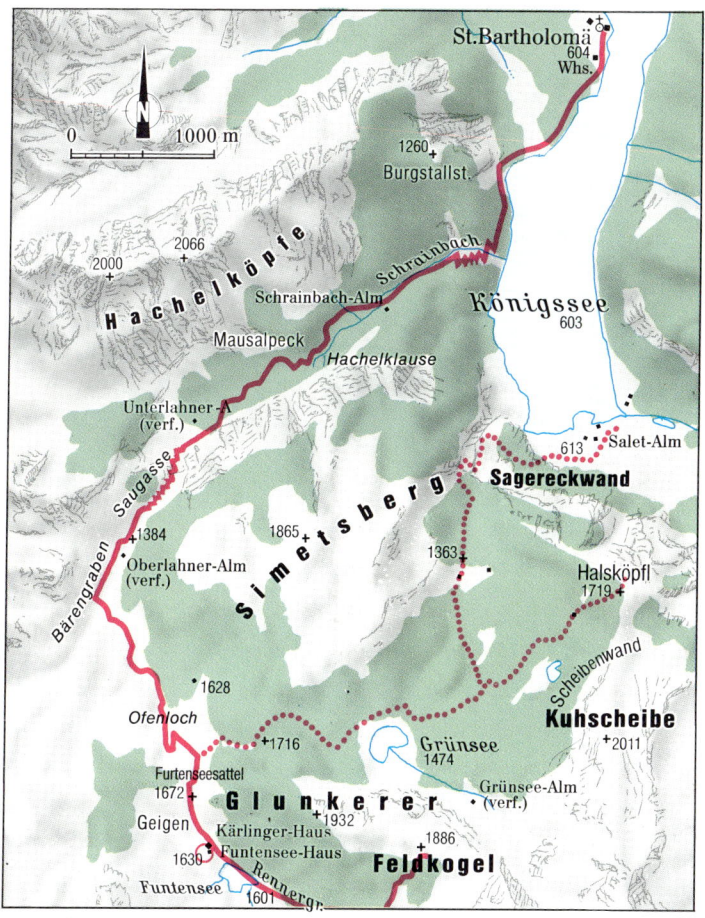

32 Saletalm — Obersee — Röthbach-Wasser-fall

In eine wilde Landschaft und zu einer ungewöhnlichen Alm

Saletalm — Obersee — Fischunkelalm — Röthbach-Wasserfall

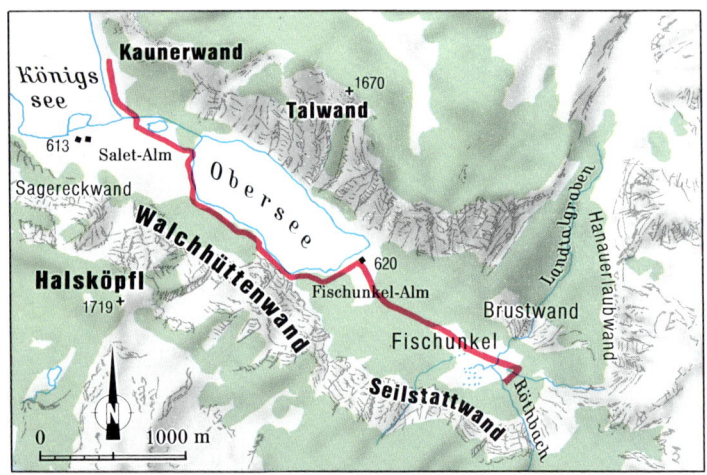

Talort: Königssee, 602 m, am Nordende des gleichnamigen Sees mit Hotels und Gaststätten sowie Bootshäusern und Bootsstegen. Abfahrtsstelle für alle Boote über den Königssee (letzte Rückfahrtsmöglichkeit erkunden).
Ausgangspunkt: Saletalm, 602 m. Endpunkt der Königssee-Schiffahrt am Südende des Sees (wird nur von etwa Mitte April bis Mitte Oktober angelaufen).
Parkmöglichkeit: Großparkplatz am Ortsanfang von Königssee (Gebühr).
Gehzeiten: (Bootsfahrt bis zum Landungssteg Saletalm ¾ Std.) Saletalm — Fischunkelalm — Wasserfall 1½ Std.; für den Rückweg die gleiche Zeit.
Anforderungen: Teils leichte Wanderwege, teils gesicherter Steig.
Höchster Punkt: bei etwa 650 m.
Einkehrmöglichkeiten: Saletalm, Fischunkelalm.
Sehenswertes: Röthbach-Wasserfall, beeindruckende landschaftliche Umgebung. Im Herbst Verschiffung des geschmückten Almviehs über den Königssee von der Fischunkelalm.

Früher, als Königssee und Obersee noch eine Einheit bildeten, wäre die hier empfohlene Wanderung nicht möglich gewesen. Doch heute zählt sie zu den beliebtesten in Berchtesgaden. Zum einen ist es die abwechslungsreiche Fahrt über den Königssee, die schon die entsprechende Einstim-

mung bringt, andererseits führt dieser Ausflug in eine abgelegene Gebirgs-
landschaft und bietet doch keinerlei größere Anstrengung.

Von der Bootsanlegestelle Saletalm zur Fischunkelalm: Vom Landungssteg wandern wir in südlicher Richtung auf dem breiten bez. Weg den See
entlang – links das Gasthaus Saletalm – , überschreiten den vom Obersee
kommenden Zufluß des Königssees auf einer Brücke und gelangen so zu
einer Wegverzweigung. Der rechte Weg führt über den Sagerecksteig hinauf zum Kärlingerhaus, der linke bringt uns am kleinen Mittersee vorbei –
durch die Felstrümmer des Bergsturzes von 1172, der den Obersee vom
Königssee getrennt hat – und leitet uns auf der rechten Seite des Sees,
direkt unter den Felsen der Walchhüttenwand auf einem gesicherten Steig
zur Fischunkelalm am oberen Ende des Sees.

Abstecher zum Röthbach-Wasserfall: Wir verfolgen den markierten Weg
weiter in südöstlicher Richtung leicht ansteigend durch Wald, bis wir jenseits eines kleinen Sattels in den von steilen Felsen umgebenen Talschluß
kommen. Bald erblicken wir dann den 470 Meter tief herabfallenden Wasserfall.

Rückkehr zur Saletalm auf dem gleichen Weg.

*Der von zwei steilen Felswänden eingefaßte Obersee am Südostende des Königssees
mit der Fischunkelalm.*

33 Watzmannhaus, 1828 m

Auf die Schulter des Berchtesgadener Wahrzeichens

Wimbachbrücke — Stubenalm — Mitterkaseralm — Falzalm — Watzmannhaus — Kühroint — Schapbachboden — Wimbachbrücke

Talort: Ramsau, 670 m, am Nordfuß des Hochkalters. Malerischer Ort mit berühmter Barockkirche.

Ausgangspunkt: Parkplatz Wimbachbrücke, 634 m, am östlichen Ortsende von Ramsau.

Gehzeiten: Wimbachbrücke — Watzmannhaus 3½—4 Std.; Watzmannhaus — Kühroint 1½ Std.; Kühroint — Wimbachbrücke 2 Std.

Anforderungen: Bez., unschwierige Wanderwege; nur der Falzsteig erfordert Trittsicherheit und Schwindelfreiheit (Sicherungen ausreichend vorhanden).

Höchster Punkt: Watzmannhaus.

Einkehrmöglichkeiten: Watzmannhaus (hohe Übernachtungszahlen, oft überbelegt, Anfang Juni bis Ende Sept. bew.); Kührointhütte (Übernachtung, von Anfang Juni bis Ende Sept. bew.)

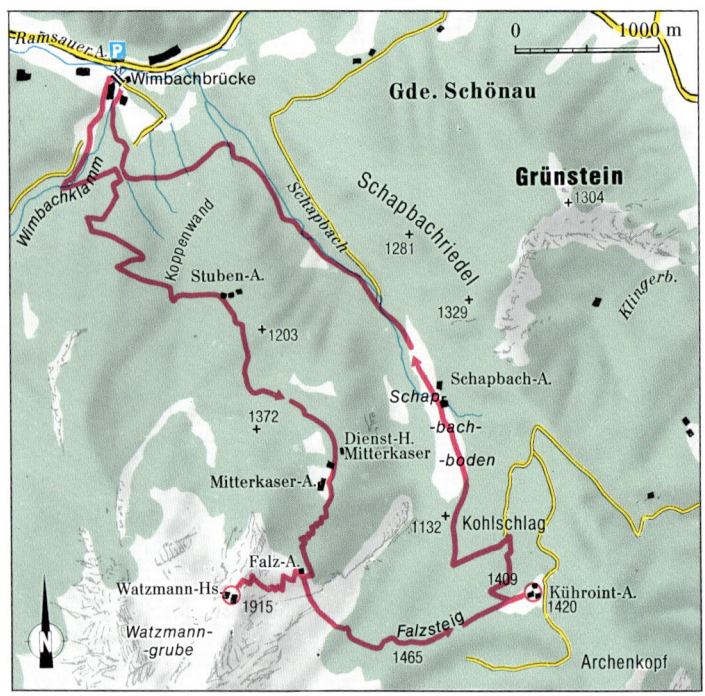

Beim Aufstieg zum Watzmannhaus.

Der Watzmann gilt unbestritten als das Wahrzeichen Berchtesgadens. Wenn wir auch nicht bis zu seinem felsigen Gipfel vorstoßen wollen, so reizt es uns doch, bis zu seiner Eingangspforte zu gelangen — und die ist für die meisten Besteiger das Watzmannhaus. Wir richten unsere Tour aber so ein, daß eine Übernachtung auf dem Haus nicht unbedingt nötig ist. Die häufig überfüllte und zeitweise auch an Wasserknappheit leidende Unterkunftsstelle läßt sich auch besser genießen, wenn der Ansturm der Gipfelbezwinger nach den ersten Morgenstunden bereits abgeebbt ist.

Vom Parkplatz Wimbachbrücke über den Mitterkaser auf das Watzmannhaus: Auf dem mit der Nr. 441 bezeichneten Weg entweder durch die Wimbachklamm oder gleich bei der Wegtafel auf breitem Weg durch Wald hinauf zur Stubenalm. Nun weiter — immer leicht steigend — zur Mitterkaseralm, sodann über die teilweise freien Hänge zur Falzalm und in Serpentinen auf das Falzköpfl und das schon lange sichtbare Watzmannhaus.

Vom Watzmannhaus über den Falzsteig zur Kühroint und Abstieg durch den Schapbachgraben: Vom Haus abwärts zur Falzalm; kurz vor Erreichen derselben biegt eine Wegabzweigung nach rechts und leitet auf der Nr. 442 auf zum Teil gesichertem Weg zuerst steil abwärts, sodann ziemlich eben hinüber zur Kühroint. Kurz vor den Hütten führt ein bezeichneter Abkürzer hinab zur Forststraße, die sich durch den Schapbachgraben hinauszieht. Bei der ersten Abzweigung nehmen wir den Weg (Nr. W4), der uns direkt zum Parkplatz Wimbachbrücke zurückbringt.

34 Wimbachtal

Hochtalwanderung zwischen Felsgiganten

Wimbachbrücke — Wimbachklamm — Wimbachschloß — Wimbachgrieshütte

Talort: Ramsau, 670 m, am Nordfuß des Hochkalter. Malerischer Ort mit berühmter Barockkirche.
Ausgangspunkt: Parkplatz Wimbachbrücke, 634 m, am östlichen Ortsende von Ramsau.
Gehzeiten: Wimbachbrücke — Wimbachschloß 1¼ Std.; Wimbachschloß — Wimbachgrieshütte 1 Std.; Rückweg 2 Std.

Anforderungen: Breiter und bequemer Wanderweg.
Höchster Punkt: Wimbachgrieshütte, 1327 m.
Einkehrmöglichkeiten: Wimbachschloß, 938 m (im Sommer bew., keine Übernachtung), Wimbachgrieshütte (Übernachtung).
Sehenswertes: Prächtige Hochgebirgskulisse.

Das Wimbachschloß im Wimbachtal.

Diese tagfüllende Wanderung zwischen den beiden Berchtesgadener Gebirgsgiganten, dem Watzmann und dem Hochkalter, führt uns nicht nur durch eine aufregende Felskulisse, nein, gleich zu Anfang nimmt uns schon zur Einstimmung die Wimbachklamm gefangen. Das Wimbachtal mit dem Wimbachgries, das breite schottergefüllte Bachbett wird Gries genannt (streckenweise fließt das Wasser des Baches hier unterirdisch), gehört zu den noch ursprünglichen Tälern des gesamten Berchtesgadener Gebirgsraumes. Auf halber Strecke der Wanderung treffen wir auf das Wimbachschloß, ein ehemaliges Jagdhaus des bayerischen Königshauses. Das Gebiet um die Wimbachgrieshütte, das Ziel unserer heutigen Tour, war noch um die Jahrhundertwende Almgebiet.

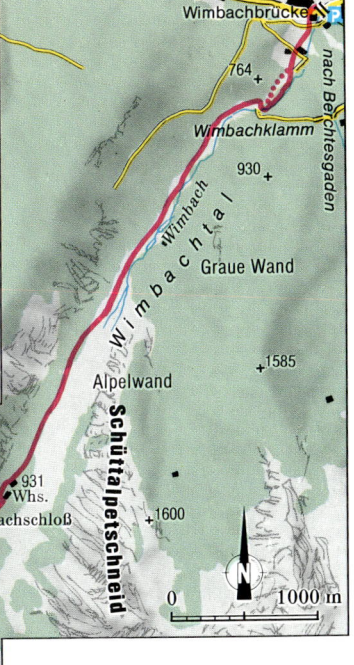

Vom Parkplatz Wimbachbrücke zur Wimbachgrieshütte: Auf anfänglich asphaltiertem Fahrweg steil hinauf bis zur Wimbachklamm-Abzweigung. Nun links zum Klammeingang (Gebühr) oder geradeaus weiter. Die Wege treffen sich oberhalb wieder. Auf breitem Wanderweg (Mark. Nr. 421) dann in sanfter Steigung zum Wimbachschloß. Der Wanderweg führt ohne jede Schwierigkeit weiter hinauf bis zur Wimbachgrieshütte.

Die Rückkehr erfolgt auf dem gleichen Weg.

35 Über das Hochalmplateau

Freier Blick auf die Watzmann-Westwand

Ramsau — Wimbachklamm — Wimbachschloß — Hochalmscharte — Hochalm — Eckaualm — Ramsau

Talort: Ramsau, 670 m, am Nordfuß des Hochkalter. Malerischer Ort mit berühmter Barockkirche.
Ausgangspunkt: Parkplatz Wimbachbrücke, 634 m; östliches Ortsende von Ramsau.
Parkmöglichkeit: siehe oben!
Gehzeiten: Wimbachbrücke — Wimbachschloß 1¼ Std.; Wimbachschloß —

Hochalmscharte 2 Std.; Hochalm — Ramsau / Wimbachbrücke 2¼ Std.
Anforderungen: Im Wimbachtal breiter Wanderweg, Aufstieg zur Hochalmscharte steiler und ansteigender, manchmal ausgesetzter Steig mit einigen Seilsicherungen, Abstieg bis zur Eckaualm normaler Bergsteig ohne Probleme, ab Eckaualm Wirtschaftsweg.

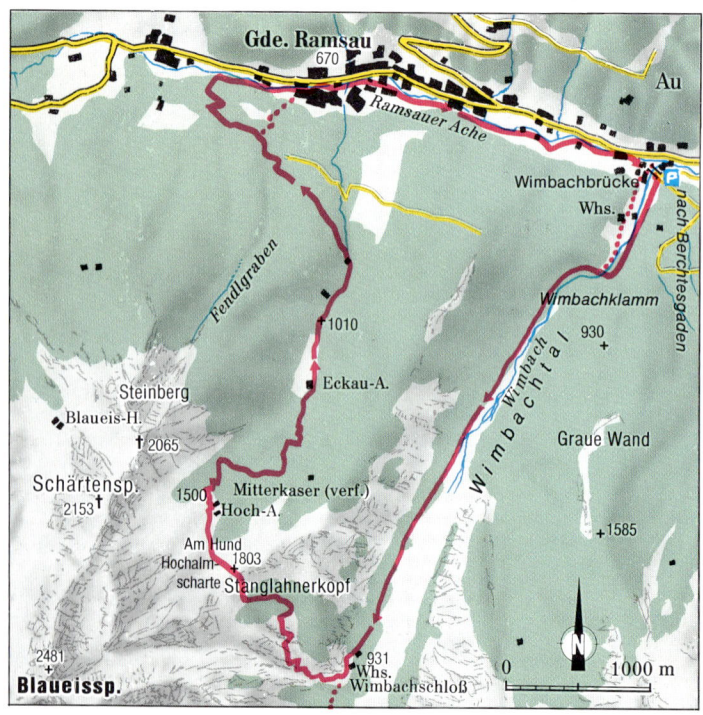

88

An der Hochalmscharte, dahinter die Watzmann-Westwand.

Höchster Punkt: Hochalmscharte, 1599 m.
Einkehrmöglichkeit: Wimbachschloß (im Sommer bew., keine Übernachtung).

Sehenswertes: Von der Hochalmscharte freier Blick ins Wimbachtal, Watzmann-Westwand. Herrliche Laubfärbung auf der Hochalm im Herbst.

Der Gang über das Hochalmplateau bietet nicht nur prächtige Ausblicke auf die imposante Watzmann-Westwand und die massigen Felsfluchten des Hochkalter, gerade im Herbst entfaltet sich dort oben ein Farbenmeer in Rot und Gelb, wenn sich die Buchen und besonders die Lärchen einfärben. Obwohl der Steig auf der Südostseite hinauf zur Hochalmscharte Trittsicherheit voraussetzt, kann der Ungeübte sich diesen Anblick durchaus auch verschaffen, wenn er von Ramsau aus ansteigt.

Von der Wimbachbrücke über das Wimbachschloß zur Hochalmscharte: Für den Weg ins Wimbachtal vgl. Tour 34. Vom Wimbachschloß führt der bez. Steig (Mark. Nr. 486) rechts weg und bald auch steil hinauf zur Hochalmscharte.

Von der Hochalmscharte über die Hochalm nach Ramsau: Leicht absteigend in nordwestlicher Richtung auf schmalem Steig über ehemalige Almwiesen zur Hochalm. Nun durch Wald hinab, bis man auf die Eckaualm trifft. Ab hier auf breitem Wirtschaftsweg hinaus nach Ramsau. Auf der linken Bachseite entlang zurück zum Ausgangspunkt.

36 Blaueishütte und Blaueisgletscher

Auf Tuchfühlung mit dem nördlichsten Gletscher der Alpen

Hintersee — Schärtenalm — Blaueishütte — Blaueisgletscher

Talort: Ramsau, 670 m, am Nordfuß des Hochkalter. Malerischer Ort mit berühmter Barockkirche.
Ausgangspunkt: Hintersee.
Parkmöglichkeit: Parkplätze „Staatsstraße" und „Seeklause" an der Straße von Ramsau nach Hintersee.
Gehzeiten: Parkplatz — Schärtenalm 1¾ Std.; Schärtenalm — Blaueishütte ¾ Std.; Blaueishütte — Blaueisgletscher 40 Min.; Abstieg von der Blaueishütte zum Parkplatz 1½ Std.; nach Ramsau 1¾ Std.; insgesamt etwa 5 Std.

Anforderungen: Der Anstieg vom Parkplatz bis eine halbe Stunde unterhalb der Hütte erfolgt auf Wirtschaftsweg, das letzte Stück zur Hütte sowie der Zugang zum Blaueisgletscher auf bezeichneten und leicht begehbaren Bergsteigen.
Höchster Punkt: Zungenende des Blaueisgletschers, bei etwa 1750 m.
Einkehrmöglichkeiten: Schärtenalm, 1359 m, Blaueishütte, 1680 m (Übernachtung; Anf. Mai bis Mitte Okt. bew.).
Sehenswertes: Blick auf Hintersee, beeindruckende hochalpine Region.

Der Aufstieg zur Blaueishütte und dem gleichnamigen Gletscher im Hochkaltergebirge führt uns innerhalb kurzer Zeit in einen Bereich, der normalerweise nur den Hochtourengehern vorbehalten ist, doch hier können wir einem Gletscher ganz dicht auf den Leib rücken. Die der Hütte umliegenden Gipfel sind leider nur Geübten zugänglich.

Vom Hintersee zur Blaueishütte: Von einem der beiden Parkplätze nach Süden über eine breite Forststraße (Ausschilderung: Schärtenalm / Blaueis-

Die Blaueishütte im Felskessel des Hochkalter.

hütte) in weiten Kehren hinauf bis zur Schärtenalm, 1359 m. Von hier führt der Weg dann beinahe eben in südwestlicher Richtung um die Steinberg-flanke zum Aussichtspunkt „Eisbankl". Nach etwa einer Viertelstunde von der Schärtenalm auf dem von der Forststraße links wegführenden Steig an der Westseite des Steinberg hinauf zur Blaueishütte.

Abstecher zum Blaueisgletscher: Von der Hütte südwärts leicht ansteigend unter den Gipfelaufbau des Hochkalter, wo man dann bald auf den anfangs noch flachen, bald aber steil ansteigenden Gletscher trifft.

Rückkehr auf dem Anstiegsweg. bzw. Abstieg direkt nach Ramsau (Abzweigung kurz unterhalb der Schärtenalm).

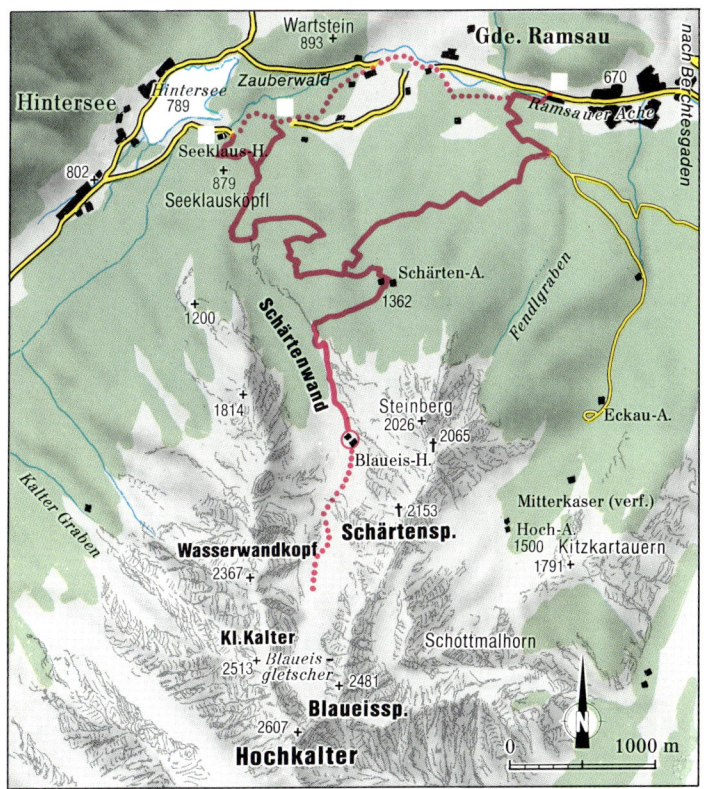

37 Halsalm, 1211 m

Die Alm auf der Aussichtskanzel

Hintersee — Halsgrube — Halsalm — Hintersee

Talort: Ramsau, 670 m, am Nordfuß des Hochkalter. Malerisches Gebirgsdorf mit Barockkirche.
Ausgangspunkt: Parkplatz am Ende der Fahrstraße in Richtung Hirschbichlpaß, einen Kilometer nach dem Hintersee. Busverbindung vom Berchtesgadener Hauptbahnhof.
Parkmöglichkeit: siehe oben.
Gehzeiten: Parkplatz — Halsalm

1½—1¾ Std.; Abstieg zum Hintersee 1 Std.
Anforderungen: Im Aufstieg breiter Wirtschaftsweg, im Abstieg unschwieriger Steig.
Höchster Punkt: Halsalm, 1211 m.
Einkehrmöglichkeiten: Halsalm (Erfrischungen), Gasthäuser in Hintersee.
Sehenswertes: Blick auf Hintersee, Hochkalter und Ramsau.

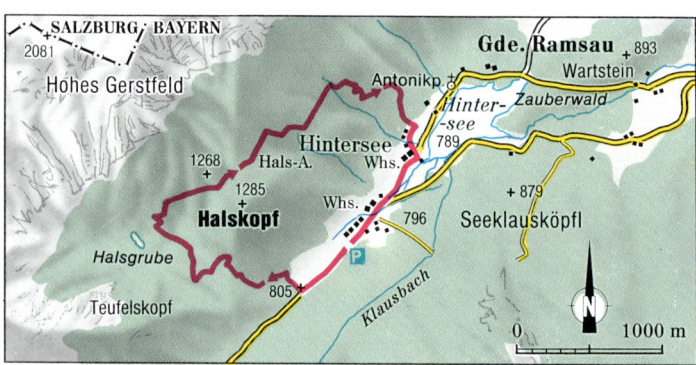

Der Hintersee ist ein Anziehungspunkt ersten Ranges im Berchtesgadener Land — seine Lage am Fuß von Hochkalter und Reiter Alm, deren Felsen sich reizvoll im See spiegeln, sowie die anschließende Nähe von Zauberwald und Klausbachthal haben hier einen besonders attraktiven Flecken Erde entstehen lassen. Natürlich bieten sich hier auch einige Betätigungsmöglichkeiten an (falls man nicht gerade die Umgebung von einem Boot aus betrachten will): Man kann den See in einer Dreiviertelstunde bequem umrunden oder durch den urtümlichen Zauberwald schlendern.

Wer sich einen Blick von oben auf den Hintersee oder auch auf das Ramsauer Tal verschaffen will, kann dies auf einer gemütlichen Wanderung tun, die bis an die Ostabstürze der Reiter Alm führt. Einer Aussichtswarte gleich kann man dann auf der Halsalm das Panorama genießen.

Die Halsalm auf der Südseite der Reiter Alm. Im Hintergrund die Felsabstürze von Predigtstuhl und Grundübelhörnern.

Der Anstieg: Vom großen Parkplatz an der Schranke zuerst fünf Minuten auf der Asphaltstraße in Richtung Hirschbichl, dann rechts weg (Schild) und auf breitem Wirtschaftsweg (Mark. R 11) durch schattigen Wald hinauf, bis man nach etwa einer Stunde Gehzeit in die Halsgrube gelangt. Hier verzweigen sich nun die Wege: der linke, schmale Weg führt über den z.T. ausgesetzten, aber gesicherten Böslsteig auf die Hochfläche Reiter Alm, der rechte, breite Weg geht in freiem Gelände hinauf auf die Almwiesen der Halsalm.

Der Abstieg: Für den Rückweg kann man den gleichen Weg benützen oder man geht — den etwas steileren Steig — direkt hinunter zum Hintersee. Von der Alm also in nördlicher Richtung auf schmalem Bergweg bis zu einer Abzweigung, die man nach etwa einer Viertelstunde erreicht (der Weg geradeaus führt hinaus nach Taubensee), nun rechts etwas steil, jedoch ohne Probleme, hinunter und durch Wald, bis man zu den Wiesen gelangt; hier links am Zaun entlang, an dessen Ende dann wieder rechts und hinaus zur Straße.

38 Hintersee — Hirschbichlpaß

Im Reich der „Ramsauer Dolomiten"

**Hintersee — Grundübelau — (Engert-Holzstube) — Bindalm — Mitter-
eisalm — Hirschbichl und zurück**

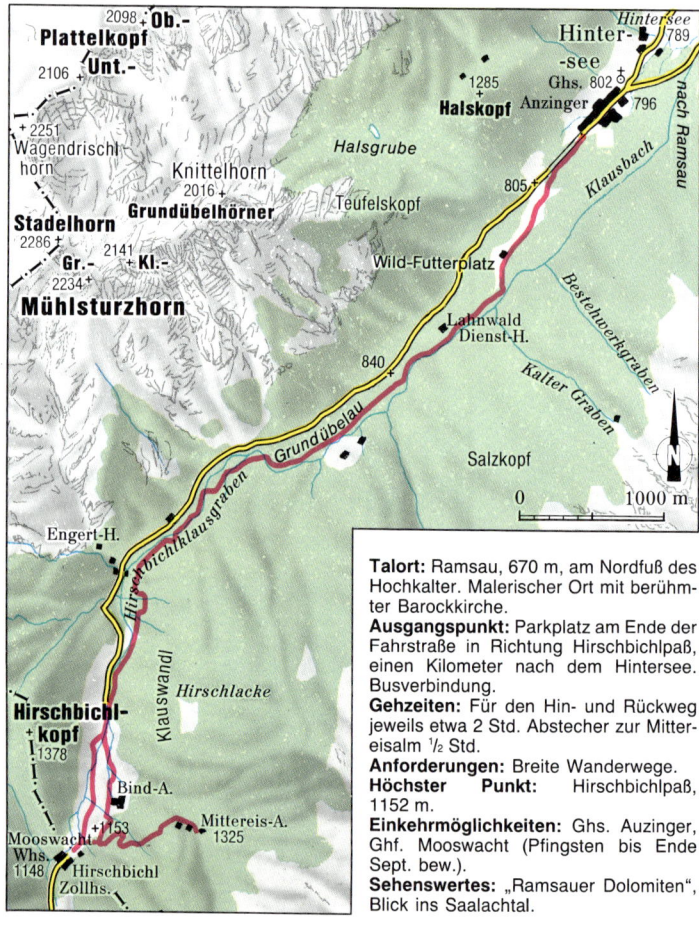

Talort: Ramsau, 670 m, am Nordfuß des Hochkalter. Malerischer Ort mit berühmter Barockkirche.

Ausgangspunkt: Parkplatz am Ende der Fahrstraße in Richtung Hirschbichlpaß, einen Kilometer nach dem Hintersee. Busverbindung.

Gehzeiten: Für den Hin- und Rückweg jeweils etwa 2 Std. Abstecher zur Mittereisalm ½ Std.

Anforderungen: Breite Wanderwege.

Höchster Punkt: Hirschbichlpaß, 1152 m.

Einkehrmöglichkeiten: Ghs. Auzinger, Ghf. Mooswacht (Pfingsten bis Ende Sept. bew.).

Sehenswertes: „Ramsauer Dolomiten", Blick ins Saalachtal.

Bei dieser Wanderung bewegen wir uns streckenweise auf dem alten Saumweg, der das historische Erzstift Salzburg mit dem Pinzgau und Tirol verband. Heutzutage gibt es allerdings einen von der alten Route abweichenden Wanderweg, so daß man nicht mehr auf der inzwischen asphaltierten Straße tippeln muß, obwohl diese — wenn auch nicht immer — kfz-frei. Beeindruckend an dieser beliebten Tour sind auf der waldreichen Strecke die Blicke auf die Felsabstürze der Grundübel- und der Mühlsturzhörner, die landläufig die „Ramsauer Dolomiten" genannt werden, da sie in ihrer Form an die Felsformationen der Südtiroler Bergwelt erinnern.

Vom Parkplatz Hintersee zum Hirschbichlpaß: Auf der Straße in südwestlicher Richtung, zuerst durch das Tor des Wildzauns, und nach knappen fünf Minuten links weg und auf dem Fußweg (Mark. Nr. 481) durch die Grundübelau zur Engert-Holzstube; nun über die Brücke und auf dem linken Bachufer über die Bindalm (bemerkenswerter Rundumkaser) zum Hirschbichlpaß mit Einkehrmöglichkeit.

Abstecher zur Mittereisalm: Von der Bindalm auf breitem Ziehweg der roten Mark. (Nr. 481) in Richtung Kammerlinghorn folgend zu den Almen.

Rückkehr auf dem selben Weg. Im Sommer verkehrt zwischen Ramsau und der Engert-Holzstube ein Bus.

Blick vom Hintersee auf die „Ramsauer Dolomiten".

39 Kallbrunnalm, 1453 m

Auf die größte Almsiedlung des bayerisch-österreichischen Grenzlandes

Hintersee — Hirschbichlpaß — Weißbachtal — Kallbrunnalm; oder Weißbach bei Lofer — Hinterthal — Kallbrunnalm

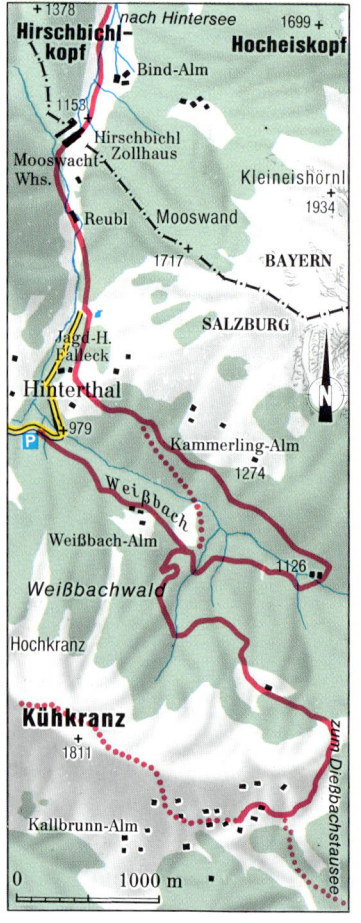

Talorte: Ramsau, 670 m, am Nordfuß des Hochkalter. Malerischer Ort mit berühmter Barockkirche. Weißbach bei Lofer, 665 m, kleiner Ort im österreichischen Saalachtal.
Ausgangspunkte: Hintersee, Parkplatz am Ende der Fahrstraße in Richtung Hirschbichlpaß. Im Sommer Busverbindung bis Engert-Holzstube. Hinterthal, 979 m, im oberen Weißbachtal, Anfahrt mit Pkw möglich; Parkmöglichkeit vor der Schranke am Beginn der Almstraße. (Ausweis nicht vergessen.)
Parkmöglichkeit: siehe oben.
Gehzeiten: Hintersee — Hirschbichlpaß — Kallbrunnalm 4—5 Std., bei Busbenützung 1½ Std. weniger; Hinterthal — Kallbrunnalm 1¾ Std., zum Dießbachstausee weitere 20 Min.; für die Rückkehr 4 bzw. 1 Std.
Anforderungen: Leichte Wander- bzw. Wirtschaftswege.
Höchster Punkt: Kallbrunnalm, 1453 m.
Einkehrmöglichkeiten: Ghs. Mooswacht (Pfingsten bis Ende Sept. bew.); Jausenstation Kallbrunnalmhütte.
Sehenswertes: Almsiedlung, Blick auf Loferer und Leoganger Steinberge.

Die Kallbrunnalm auf der österreichischen Seite der Berchtesgadener Alpen bietet eine Konzentration der Almwirtschaft, wie man sie nur mehr selten trifft. Die Ausblicke auf Loferer und Leoganger Steinberge, die Felsen von Kammerlinghorn, Hocheissspitze und Seehorn geben dazu eine prächtige Kulisse ab. Zudem bieten sich von den Almen reizvolle Abstecher in jeder Rich-

Auf der Kallbrunnalm – im Hintergrund die Hocheisspitze.

tung an — bevorzugt dabei der nahe Doppelgipfel von Kühkranz und Hochkranz sowie der Dießbachstausee.

Vom Hirschbichlpaß zur Kallbrunnalm: Zum Hirschbichlpaß siehe Tour 38. Auf der österreichischen Seite 20 Min. die Straße hinab bis zum Wegweiser Kallbrunnalm (Mark. Nr. 401). Nun links und in wenigen Minuten zum Jagdhaus Falleck. Weiter in südöstlicher Richtung bis zu einer Pumpstation am Oberlauf des Weißbach. Hier in westlicher Richtung weiter, nach etwa 20 Min. dann auf die von Weißbach heraufführende Saalforststraße, die zum Teil recht steil zu den Almen hinaufführt (man kann also auch von der österreichischen Seite anfahren; die Straße ist bis Hinterthal freigegeben; von der Schranke auf der breiten Wirtschaftsstraße ohne Orientierungsschwierigkeiten hinauf zu den Almen).

Abstecher zu Kühkranz und Hochkranz: Für Geübte bietet sich von hier der Aufstieg zu diesem Doppelgipfel an (Mark.-Nr. 31, rot).

Zum Dießbachstausee bzw. zum Dießbachsee: Den Mark.-Nr. 401 und 411 folgend in einer halben Stunde zum Stausee; den idyllisch gelegenen Dießbachsee erreicht man über die Mark. 13 und 30.

Die Rückkehr erfolgt auf dem Anstiegsweg.

40 Soleleitungsweg (Ramsauer Höhenweg)

Ein großartiger Aussichtsweg

Berchtesgaden — Söldenköpfl — Gerstreit — Zipfhäusl — Kaltbachlehen, oder auch in umgekehrter Richtung

Talort: Berchtesgaden, 573 m, bekannter Sommer- und Winterferienort (siehe Seite 11) bzw. Ramsau, 670 m, am Nordfuß des Hochkalter, malerischer Ort mit berühmter Barockkirche.
Ausgangspunkt: Gmundbrücke, 1 km vom Berchtesgadener Hauptbahnhof in Richtung Ramsau. Busverbindung.
Parkmöglichkeit: Im Bereich des Ausgangspunkts nur wenige Plätze.
Gehzeiten: Berchtesgaden — Kaltbachlehen etwa 4 Std. Zurück am besten mit Bus.
Anforderungen: Gut bezeichneter und einfacher Wanderweg.
Höchster Punkt: Ghs. Söldenköpfl, 953 m.
Einkehrmöglichkeiten: Ghs. Söldenköpfl, Ghs. Gerstreut, Ghs. Zipfhäusl.
Sehenswertes: Blicke auf Reiter Alm, das Ramsauer Tal, Watzmann und Hochkalter.

Der ehemalige Soleleitungsweg — jetzt touristisch präpariert als Ramsauer Höhenweg — ist als Einstimmung auf die Berchtesgadener Landschaft eine sehr anregende Tour. Hier entlang wurde die salzhaltige Sole vom Bergwerk in Berchtesgaden zu den Siedehäusern in Bad Reichenhall geleitet,

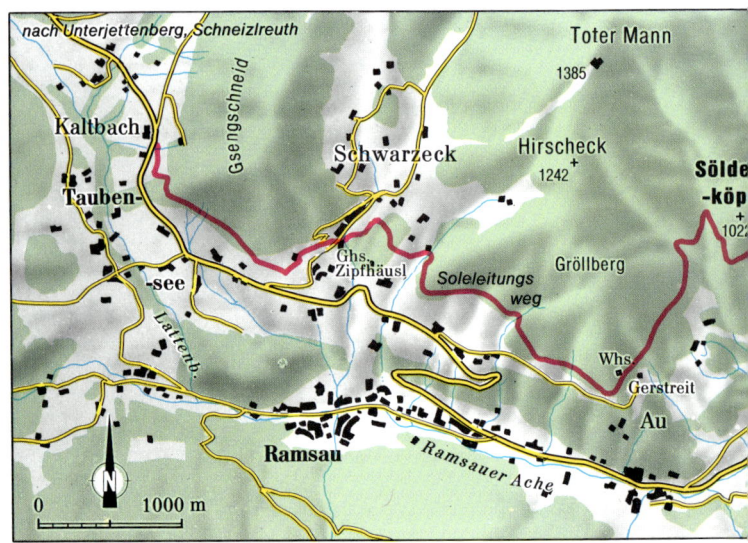

weil sich auf der kürzeren Strecke über Hallthurm wirtschaftspolitische Interessen des Erzbischofs von Salzburg in den Weg stellten. Stellenweise kann man die Rohrleitung sogar noch sehen. Der Vorteil dieses langen Wanderweges ist, daß man die Tour an mehreren Stellen aufnehmen oder auch wieder abbrechen kann. Unterwegs finden sich zur Wanderzeit bewirtschaftete Gasthäuser, die zur Einkehr einladen.

Die Route: Mit dem Bus vom Berchtesgadener Hauptbahnhof (oder natürlich auch zu Fuß) bis zur Haltestelle Gmundbrücke. Hier steil den Strubberg hinauf, dann Abzweigung nach links, bis man auf die Bundesstraße, die nach Bad Reichenhall führt, trifft. Jenseits links weiter zu den Häusern von Ilsank. In der Engedey führt der Weg dann rechts in mäßiger Steigung zuerst auf dem Vierradweg, den wir aber bald wieder verlassen, hinauf bis zum schöngelegenen Ghs. Söldenköpfl, 953 m. Hier haben wir den höchsten Punkt der Wanderung erreicht — und nun geht es nurmehr fast eben durch die Südhänge des Toten Mannes. Zuerst passieren wir das Berggasthaus Gerstreut, dann das allseits bekannte Zipfhäusl (¾ Std. vom Ghs. Söldenköpfl). Wir überqueren die Straße, die zum Schwarzeck hinaufführt, und gehen, den Blick immer auf das Reiter-Alm-Massiv gerichtet, immer eben weiter bis zum Kaltbachlehen. Hier ist das Ende unserer Wanderung erreicht. Entweder auf gleichem Weg — oder auch mit Bus — zurück.

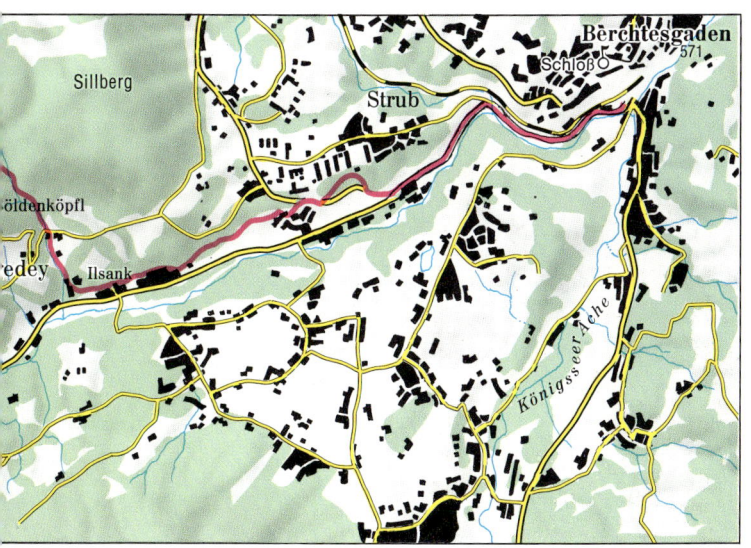

41 Toter Mann, 1391 m

Eine schattige Wanderung auf einen großartigen Aussichtsberg

Hochschwarzeck — Hirscheck — Hirschkaser — Toter Mann — Söldenköpfl — Ramsauer Höhenweg — Hochschwarzeck

*am 29.7.90
Doni, Gretel, H.G. +
AK*

Talort: Ramsau, 670 m, am Nordfuß des Hochkalter. Malerischer Ort mit berühmter Barockkirche.

Ausgangspunkt: Kapelle von Hochschwarzeck am Ortsanfang, wenn man von Ramsau kommt bzw. Ghs. Schwarzeck; oder Bergstation der Hochschwarzeckbahn (im Sommer alle ½ Std. in Betrieb).

Parkmöglichkeit: Parkplätze im Bereich der Ausgangspunkte.

Gehzeiten: Von Hochschwarzeck auf den Toten Mann knapp 2 Std., bei Benützung des Sessellifts zum Hirschkaser verkürzt sich der Anstieg auf weniger als eine halbe Stunde. Abstieg über Söldenköpfl 2½ Std. sonst 1¾ Std.

Anforderungen: Teils schöne Wanderwege, teils steile Bergwege, insgesamt aber keine Schwierigkeiten. Der Anstiegsweg ist etwas der Sonne ausgesetzt.

Höchster Punkt: Toter Mann, 1391 m.

Einkehrmöglichkeiten: Hirschkaser, Ghs. Söldenköpfl, Ghs. Gerstreit, Ghs. Zipfhäusl.

Sehenswertes: Großartige Aussicht auf die Bergriesen des Berchtesgadener Landes vom Hirschkaser (Panoramablick).

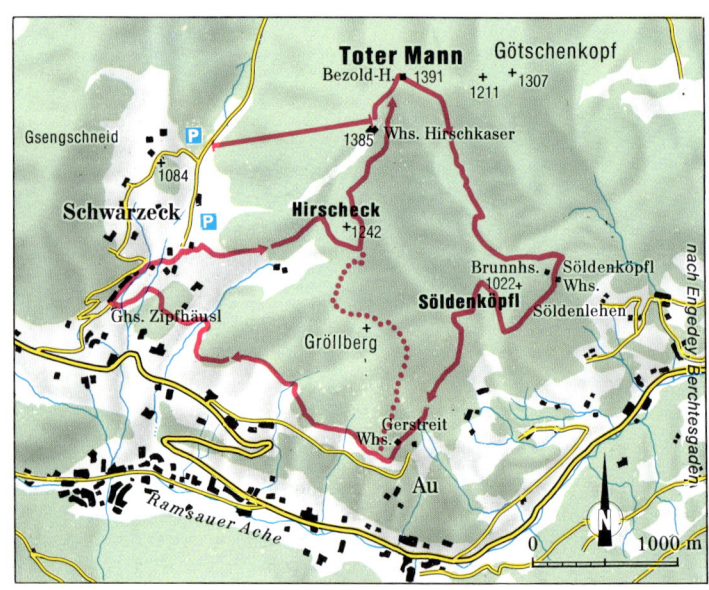

Die Bezoldhütte auf dem Gipfel des Toten Mannes.

Der beziehungsreiche Name unseres Tourenziels sollte uns nicht abschrecken, der Tote Mann ist vielmehr ein großartiger Aussichtsberg, der im Winter den Skifahrern und im Sommer den Wanderern beträchtliche Freude bereiten kann. Von Hochschwarzeck läßt sich diese Wanderung im Aufstieg auch erleichtern; und wer will, kann aus dieser Tour eine Wanderung bergab machen, indem er den Hirscheck-Sessellift benutzt.

Vom Hochschwarzeck auf den Toten Mann: Entweder mit dem Hirscheck-Sessellift zum Hirschkaser hoch, dann links hinab zu einer Weggabelung und wiederum links hoch zum höchsten Punkt oder bei der Kapelle von Hochschwarzeck (Wegweiser) auf einem aussichtsreichen Promenadeweg in östlicher bis nordöstlicher Richtung empor. Wir erreichen zuerst das Hirscheck, 1242 m, sodann links hoch durch Wald den Gipfel des Toten Mannes.

Der Abstieg: Es bieten sich mehrere Möglichkeiten an. Entweder wir benutzen die Bahn, oder wir steigen vom Gipfel in östlicher Richtung (Wegweiser) ab bis zum Söldenköpfl (1½ Std.; rot mark.; zahlreiche Wegabkürzungen), das wir auf der Ostseite umgehen und wandern dann ab dem schöngelegenen Ghs. Söldenköpfl, 953 m, auf dem Ramsauer Höhenweg (Mark. SL) immer eben bis zum Gasthaus Zipfhäusl und kehren von da zum Ausgangspunkt zurück. Ebenso kann man vom Gipfel zurück zum Hirscheck und über den Gröllberg zum Ramsauer Höhenweg gelangen.

42 Mordaualm und Pfaffenbühl-Umrundung

Almwanderung auch für die kurzen Tage

Taubensee — Pfaffental — Mordaualm — Mordautal-Diensthütte — Schmuckenstein — Hochschwarzeck — Taubensee; oder Schwarzeck — Pfaffental — Taubensee

Talort: Ramsau, 670 m, am Nordfuß des Hochkalter. Malerischer Ort mit berühmter Barockkirche.

Ausgangspunkte: Schwarzbachwacht, 868 m, an der Deutschen Alpenstraße, oder Parkplatz Taubensee.

Parkmöglichkeiten: Parkplatz am „Wachterl", Parkplatz Taubensee.

Gehzeiten: Wachterl — Mordaualm 1¼ Std.; Mordaualm — Pfaffenbühl-Umrundung bis Schwarzeck 1½ Std.; Schwarzeck — Wachterl 1 Std.; insgesamt etwa 3¾ Std.; Rückweg über Pfaffental etwas kürzer.

Anforderungen: Vom Wachterl bis zur Mordaualm breiter Wanderweg, von der Mordaualm bis Schwarzeck Bergpfad, Schwarzeck bis Wachterl Straße und Wanderweg; über die Schneide ins Pfaffental leichter Bergweg.

Höchster Punkt: Am Schmuckenstein. etwa 1300 m.

Einkehrmöglichkeiten: Ghs. „Wachterl", Kederbacheralm (Erfrischungen), Gasthäuser in Schwarzeck, Ghs. Zipfhäusl.

Sehenswertes: Taubensee, Blick auf Hochkalter und Watzmann.

Diese Wanderung zeigt das Berchtesgadener Land von seiner waldreichsten Seite. Der Name des Almgebiets wird auf ein mittelalterliches Ereignis zurückgeführt: 1368 sollen Truppen des bayerischen Herzogs Ernst — von Propst Ulrich gerufen — über die Schwarzbachwacht in das Land eingefallen und dabei über die leicht zugängliche Mordau hergefallen sein.

Auf der Mordaualm – im Hintergrund Watzmann (links) und Hochkalter (rechts).

Anstieg zur Mordau: Vom Parkplatz Taubensee in nordöstlicher Richtung auf breitem Wirtschaftsweg (Mark. T4) zuerst etwas steil, dann sanft ansteigend zu einer Wegverzweigung. Hier nun links und durch Wald, bis man auf die Almwiesen trifft.

Pfaffenbühl-Umrundung: Gleich hinter den zwei auf der rechten Seite stehenden Almhütten führt der Steig (Mark. T8) ziemlich steil hinauf zur Mordautal-Diensthütte, die man nach einer Viertelstunde erreicht. Man läßt diese links liegen und folgt dem nun relativ ebenen Weg, der in weitem Bogen sich um den Pfaffenbühl zieht. Nachdem man den Schmuckenstein, eine unauffällige kleine Erhebung auf der rechten Seite, erreicht hat, geht der Weg hinab, bis man auf die ersten Schlepplifte vom Schwarzeck trifft. Hier bieten sich zwei Alternativen: Rechts hinauf führt der Weg (Mark. T8) durch Wald zurück zur Mordau, halblinks hinunter kann man über Schwarzeck und den Ramsauer Höhenweg zum Taubensee zurückkehren.

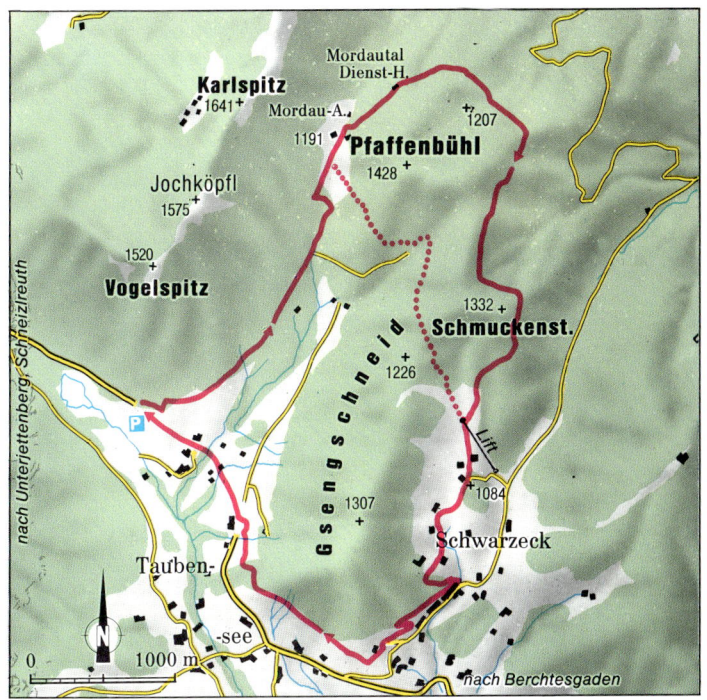

43 Wachterlsteig

Durch eine urtümliche Berglandschaft

Schwarzbachwacht — Wachterlsteig — Saugasse — Neue Traunsteiner Hütte

Talort: Ramsau, 670 m, am Nordfuß des Hochkalter bzw. Unterjettenberg, 516 m, am Nordfuß der Reiter Alm.
Ausgangspunkt: Schwarzbachwacht, 868 m, an der Deutschen Alpenstraße.
Parkmöglichkeit: Parkplatz neben der Tankstelle am „Wachterl".
Gehzeiten: Schwarzbachwacht — Neue Traunsteiner Hütte 3¹/₂ Std.; Rückweg 2¹/₂—3 Std.

Anforderungen: Bez. Bergpfad.
Höchster Punkt: Neue Traunsteiner Hütte, 1570 m.
Einkehrmöglichkeiten: Ghs. „Wachterl", Neue Traunsteiner Hütte (Übernachtung; Mitte März bis Ende Okt. bew.).
Sehenswertes: Alte Zirbenbestände sowie das abwechslungsreiche Hochplateau der Reiter Alm.

Blick von oberhalb des Taubensees auf die Ostseite der Reiter Alm.

Von den leichten Anstiegen auf die Reiter Alm gehört derjenige über die „Saugasse" zu den weniger frequentierten, doch nicht weniger interessanten. Dieser Steig, der durch einen der wenigen noch vorhandenen Zirbenwälder führt und an einigen Stellen den Verfall der Almkultur vor Augen bringt, ist für den, der eine noch stille Landschaft zu genießen weiß.

Von der Schwarzbachwacht über den Wachterlsteig und die Saugasse zur Neuen Traunsteiner Hütte: Vom Parkplatz bei der Tankstelle zunächst eben durch Wald in westlicher Richtung (Mark. Nr. 470) bis an den Beginn des eigentlichen Steiges. Nun in Serpentinen steil empor zur verfallenen Unteren Schwegelalm, 1160 m; weiter ansteigend — rechts des Weges das Bärenkareck, das bis zu einer Höhe von 1730 m ansteigt. Durch selten gewordenen Zirbenwald erreichen wir die allmählich zuwachsenden Almweiden der früheren Oberen Schwegelalm, 1438 m. Durch das Auf und Ab der gewellten Hochfläche — links eine Jagdhütte — kreuzen wir den vom Schrecksattel zur ehemaligen Oberen Grünangeralm führenden Pfad. Immer leicht links haltend erreichen wir dann durch die Saugasse diesen großen Bau aus Stein, den Hütte zu nennen doch wohl eine gelinde Untertreibung darstellt.

Rückkehr auf dem Anstiegsweg. Oder wie bei Tour Nr. 44 nach Oberjettenberg, von dort hinaus zur Deutschen Alpenstraße und mit Glück (im Sommer) mit Bus zurück zum „Wachterl".

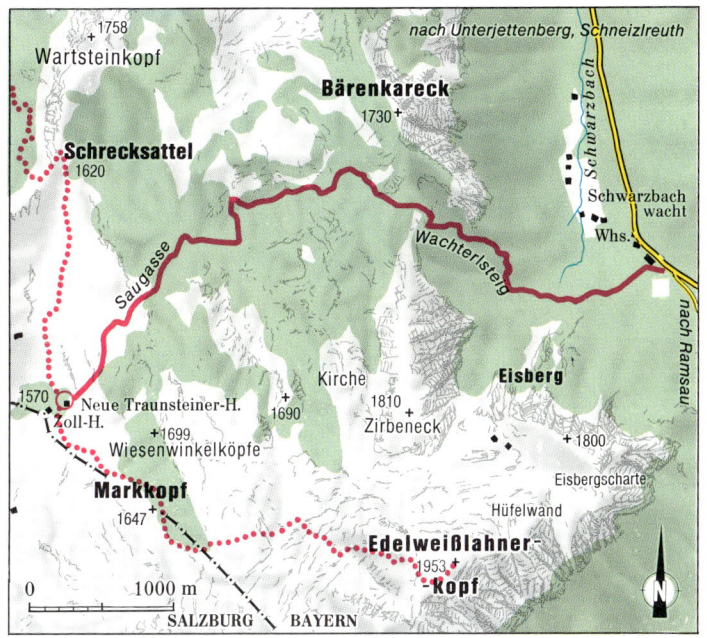

44 Über den Schrecksattel

In einen Alpenpflanzengarten und auf eine Aussichtskanzel

Oberjettenberg — Schrecksattel — Neue Traunsteiner Hütte — evtl. Weitschartenkopf

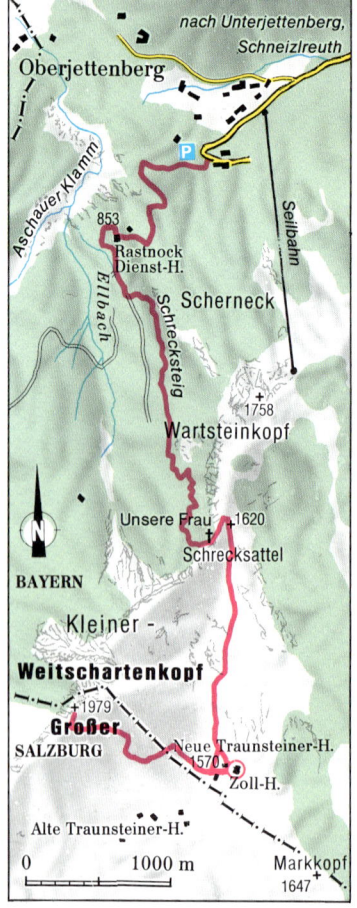

Talort: Unterjettenberg, 516 m, am Nordfuß der Reiter Alm. Ruhig gebliebener Ort, mit einigen Bauernhäusern im Ortskern.

Ausgangspunkt: Am Ende der befahrbaren Asphaltstraße in Oberjettenberg, 630 m. Dorthin von Unterjettenberg bzw. vom „Wachterl" kommend, Abzweigung von der Deutschen Alpenstraße.

Parkmöglichkeit: Provisorische Parkplätze entlang der Straße.

Gehzeiten: Oberjettenberg — Schrecksattel 3 Std., Schrecksattel — Neue Traunsteiner Hütte ¾ Std. Insgesamt 3¾ Std. Neue Traunsteiner Hütte — Weitschartenkopf 1 Std. Rückweg 3½ Std.

Anforderungen: Im unteren Teil Forststraße, dann guter Wanderweg bis zur Alpenvereins-Hütte; auf den Weitschartenkopf auf problemlosem Steig.

Höchster Punkt: Weitschartenkopf, 1979 m.

Einkehrmöglichkeit: Neue Traunsteiner Hütte (Übernachtung, Mitte März bis Ende Oktober bew.).

Sehenswertes: Abwechslungsreiches Hochplateau mit einer artenreichen Flora. Gute Fernsicht von den steil abfallenden Randgipfeln.

Der Gebirgsstock der Reiter Alm bietet mit seinen rundum steil abfallenden Wänden von allen „vier" Seiten einen abwechslungsreichen Anblick. Ob man auf seiner Südostseite vom Hintersee aus entlangwandert und dabei freien Blick auf die sogenannten „Ramsauer Dolomiten" gewinnt oder von Nordwesten her sich nähert, man wird sich fragen, wo hier denn die Wege hoch-

Auf dem Hochplateau der Reiter Alm.

führen, und dabei wohl einige Schwierigkeiten vermuten. Dem ist aber nicht so. Die Reiter Alm ist von allen Seiten auf teilweise leichten, teilweise etwas anspruchsvollen Steigen zu erkunden. Im Süden kulminiert dieser Gebirgsstock in seinem höchsten Gipfel, dem Stadelhorn, 2286 m. Die meisten der von der Hochfläche zugänglichen Gipfel sind leicht zu ersteigen und bieten eine gute Fernsicht.

Aufstieg zur Neuen Traunsteiner Hütte: Vom Ende der Fahrstraße (Schranke) geht es zuerst auf breitem Forstweg (Mark. Nr. 474) in weiten Kehren hinauf zur „Holzstubn". Kurz dahinter verzweigt sich die Forststraße; man nimmt den linken, höherführenden Weg und verläßt ihn dann nach etwa zehn Minuten nach links. Auf dem anfangs etwas verfallenen Steig problemlos durch Mischwald hinauf (man kann allerdings auch der Forststraße noch eine Weile folgen und dann erst auf den Steig treffen). Schon ziemlich weit oben trifft man dann auf eine Trinkwasserquelle, quert unter den steilen Felswänden des Wartsteins und gelangt dann zur Schreckwiese. Bald öffnet sich dann linkerhand die Scharte für den Durchstieg durch die zuerst abweisend aussehenden Felsen. Vom Schrecksattel, 1620 m, verläuft der Weg dann nach Süden über die wellige Hochfläche zur Hütte.

Auf den Weitschartenkopf: Wer noch genügend Energie verspürt, wird noch einen guten Fernblick riskieren wollen. Von der Hütte auf schmalem Steig über die grasigen Südosthänge und im letzten Teil durch dichten Latschenwald auf den aussichtsreichen Gipfel.

Rückkehr auf dem Anstiegsweg oder wie bei Tour 43.

45 Kienberg-Umrundung

Ein Abstecher in landschaftlich gefährdetes Gebiet

Schneizlreuth — Haiderhof — Oberjettenberg — Unterjettenberg — Schneizlreuth

Talort: Schneizlreuth, 511 m, zentraler Ort der gleichnamigen Gemeinde im Talbecken der Saalach; Streusiedlung mit charakteristischer Kirche als Mittelpunkt.
Ausgangspunkt: Abzweigung zum Haiderhof von der Deutschen Alpenstraße beim Ghs. Hubertus in Schneizlreuth.
Parkmöglichkeit: Beim Ghs. Hubertus oder jenseits der Saalachbrücke.
Gehzeiten: Insgesamt für die Rundwanderung 2½ Std.; evtl. Abstecher in die Aschauer Klamm 1 Std. (siehe Tour 46).
Anforderungen: leichte Wanderwege.
Höchster Punkt: Oberjettenberg, 630 m.
Einkehrmöglichkeiten: Haiderhof sowie Ghs. Zur Post in Schneizlreuth.
Sehenswertes: Blick auf die Nordwestabstürze der Reiter Alm; evtl. Aschauer Klamm (siehe Tour 46).

Der Kienberg wird bei Einheimischen und auch Auswärtigen nicht als Gipfelziel gerechnet. Rundum gibt es zahlreiche höhere und auch interessantere Erhebungen. Eine Umrundung desselben führt einen jedoch weg von der Hektik im Bereich vieler Ausflugsziele. Er führt in einen Bereich ursprünglicher bäuerlicher Kultur, der durch den Plan eines Truppenübungsplatzes stark gefährdet ist.

Der ehemalige Pfarrerbauernhof in Schneizlreuth. Im Hintergrund das Lattengebirge (links) und die Reiter Alm (rechts), davor der Kienberg.

Die Rundtour: Vom Parkplatz am Gasthaus Hubertus in südlicher Richtung hinunter zur Saalachbrücke; über diese und dann nach rechts auf der anfangs asphaltierten, dann jedoch in einen bekiesten Weg übergehenden Zufahrt zum Haiderbauern (kein öffentlicher Verkehr). Nach etwa einer Dreiviertelstunde kommt man zum idyllisch gelegenen Hof. (Ab Saalachbrücke gibt es auch eine Variante, die direkt nach Oberjettenberg führt; Mark. S3) Vom Haiderbauern nun links empor auf Waldweg, der uns nach etwa 20 Min. nach Oberjettenberg bringt. Kurz vor Erreichen der beiden dortigen Höfe nach rechts in östlicher Richtung, bis man nach einer Viertelstunde auf die Asphaltstraße trifft. Dieser entlang (etwa 1,5 km) bis zum Schild auf der linken Seite, das nach Unterjettenberg weist. Auf breitem Waldweg über den kleinen Bergrücken und hinunter nach Unterjettenberg. Dort auf der Deutschen Alpenstraße 200 Meter nach links bis man auf einen beschilderten Wirtschaftsweg (Mark. S.3) stößt; hier wieder links und auf diesem Weg bleibend, bis man, die Vorhügel des Kienbergs durchquerend, an das Ufer der Saalach kommt — dann weiter, immer flußaufwärts, vorbei am Sichlerbauern bis zur Brücke und zurück zum Ausgangspunkt in Schneizlreuth.

46 Aschauer Klamm

Eine beschauliche Bachwanderung im Grenzbereich

Schneizlreuth — Haiderhof — Aschauer Klamm; oder Oberjettenberg — Aschauer Klamm

Talorte: Schneizlreuth, 511 m, zentraler Ort der gleichnamigen Gemeinde im Talbecken der Saalach; Streusiedlung mit charakteristischer Kirche als Mittelpunkt; Unterjettenberg, 511 m, am Nordfuß der Reiter Alm.

Ausgangspunkte: Haiderhof bzw. Oberjettenberg, 630 m. Zum Haiderhof zu Fuß in einer Stunde; nach Oberjettenberg mit eigenem Fahrzeug.

Parkmöglichkeiten: Beim ehemaligen Ghs. Hubertus oder jenseits der Saalach, wenn man von Schneizlreuth aus startet; in Oberjettenberg am Ende der Fahrstraße.

Gehzeiten: Schneizlreuth — Haiderhof 1 Std.; Haiderhof — Aschauer Klamm bis zur österreichischen Grenze 1½ Std.; Oberjettenberg — Aschauer Klamm bis zur österreichischen Grenze 1¾ Std.

Anforderung: Wanderpfad.

Höchster Punkt: Oberjettenberg, 630 m.

Einkehrmöglichkeit: Haiderhof.

Sehenswertes: Unberührte Berglandschaft.

Der Gang durch die Aschauer Klamm ist abwechslungsreich und er gehört zu den Touren im Berchtesgadener Land, die ganz bestimmt noch nicht überlaufen sind. Früher, als die Saline in Bad Reichenhall noch sehr viel Holz zum Sieden benötigte, wurde der Aschauer Bach gestaut und mit der angesammelten Menge Wassers Holz zur Saalach hinuntergedriftet.

Der Hinweg: Von Schneizlreuth-Ort auf der Eisenbrücke über die Saalach, dann rechts am Berg entlang auf Sandstraße zum Haiderhof. Am Hof rechts vorbei und direkt auf den Schluchteingang zu. Hier führt nun ein schmaler Steig durch die Schlucht, die sich nach einer Dreiviertelstunde wieder weitet; der Weg steigt dabei leicht an, passiert die Klause und trifft nach etwa eineinhalb Stunden Gehzeit auf die Landesgrenze (der Weg geht dann weiter nach Reit bei Unken in Österreich, Ausweispflicht — Rückkehrmöglichkeit von dort mit Bus).

Der Zugang zur Schlucht ist auch von Oberjettenberg möglich: Man geht dabei vom Ende der Asphaltstraße bis zur Höhe des Irgenbauern, wo nach links ein Weg (bei der kleinen Hütte) abzweigt, der bis zum Schluchtrand führt, dort auf schmalem Steig hinunter zur Klamm. Oder man geht beim Irgenbauern nach links auf Weg hinunter zum Haiderhof und trifft dann dort auf den Schluchteingang.

Die Rückkehr erfolgt auf dem Hinweg (oder Weiterweg bis Reit und Rückkehr mit dem Bus).

Auf einer Wanderung in der Aschauer Klamm.

47 Die Südliche Saalachtalrunde

Auf einsamen Wegen durch eine bäuerliche Kulturlandschaft

Schneizlreuth — Dachsbauer — Staatsgrenze — Kesslerbauer — Haiderhof — Schneizlreuth

Talort: Schneizlreuth, 511 m, zentraler Ort der gleichnamigen Gemeinde im Talbecken der Saalach; Streusiedlung mit charakteristischer Kirche als Mittelpunkt.
Ausgangspunkt: Siehe oben.
Parkmöglichkeiten: Beim ehemaligen Ghs. Hubertus, am Kirchplatz, beim Ghs. Zur Post, am Beginn des Bodenbergs beschränkte Parkmöglichkeit.
Gehzeiten: Schneizlreuth — Dachs —

Grenze 1½ Std.; Rückweg über Kesslerbauer und Haiderhof weitere 1½ Std.
Anforderungen: Leichte und breite Wanderwege bzw. Wirtschaftswege.
Höchster Punkt: Nur unbedeutende Höhenunterschiede.
Einkehrmöglichkeiten: Ghs. Zur Post, Haiderhof.
Sehenswertes: Blick auf Reiter Alm, evtl. Aschauer Klamm (siehe Tour 46).

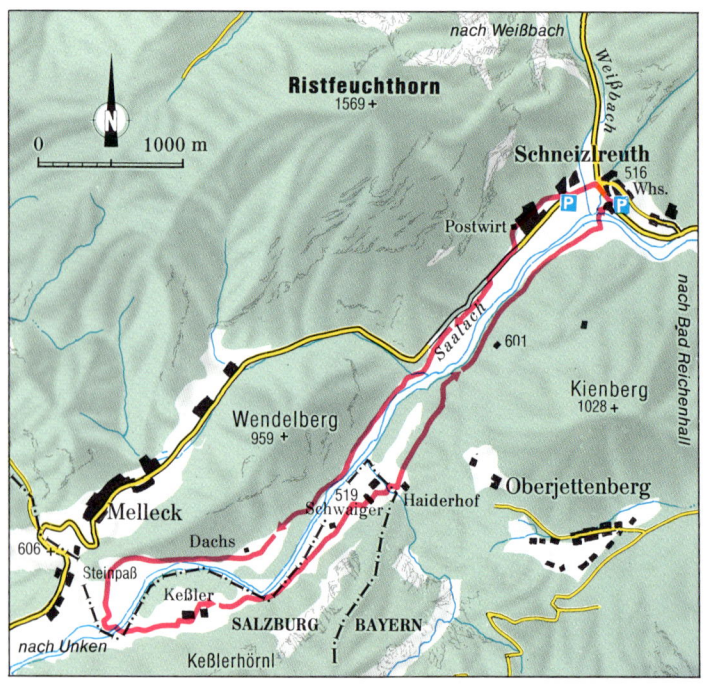

Das Saalachtal im Bereich der deutsch-österreichischen Grenze – im Hintergrund Müllnerhorn und Kienberg.

Diese Wanderung führt uns an einigen abgelegenen Bauernhöfen vorbei in den Bereich der bayerisch-österreichischen Grenze (Ausweis nicht vergessen!). Man spürt bereits auch stellenweise die Wildheit der Saalach (die Kajakfahrer wissen das zu schätzen). Da wir uns hier immer im Talbereich bewegen, kann diese Wanderung natürlich zu allen Jahreszeiten unternommen werden.

Die Rundwanderung: Von Schneizlreuth entweder ein Stück am Fuß des Ristfeuchthorns oder auf der Straße nach Melleck entlang bis zum Beginn des Bodenbergs. Nun links auf Wirtschaftsweg immer eben zwischen Saalach und Wendelberg zum Daxbauern — unterwegs trifft man auf der rechten Seite nach einer Viertelstunde auf den Müßbachfall; weiter talein zum ehemaligen Zenauerbauern. Dort ein kurzes Stück den Hang hinauf und oben den Weg nach links. Am Ende des Weges leitet ein Pfad hinunter zu dem Weg, der zum Kesslerbauern, führt. Hier in östlicher Richtung über die Holzbrücke, man passiert den Kesslerbauern, und geht nun immer nordostwärts auf der anderen Flußseite hinaus in Richtung Schneizlreuth. Kurz hinter dem Schwaigerbauern wieder über ein Brückerl, das den Aschauer Bach überquert (Grenzbach), steil hinauf zum Haiderhof und auf Wirtschaftsweg nach Schneizlreuth und zurück zum Ausgangspunkt.

48 Ristfeuchthorn, 1569 m

Rundtour über einen stillen Randberg der Chiemgauer Alpen

Schneizlreuth — Pfarrerbauernalm — Ristfeuchthorn — Sellarnalm — Ristfeucht — „Müßbachweg" — Schneizlreuth

Talort: Schneizlreuth, 511 m, zentraler Ort der gleichnamigen Gemeinde im Talbecken der Saalach; Streusiedlung mit charakteristischer Kirche als Mittelpunkt.
Ausgangspunkt: Kirchplatz in Schneizlreuth bzw. Gasthaus „Zur Post".
Parkmöglichkeit: Auf dem Kirchplatz.
Gehzeiten: Schneizlreuth — Ristfeuchthorn 3 Std., Ristfeuchthorn — Ristfeucht 2 Std. (im Aufstieg 3 Std.), Ristfeucht — Schneizlreuth 1 Std.

Anforderungen: Der Anstieg von Schneizlreuth erfolgt auf schmalem Bergweg, bei Nässe Trittsicherheit erforderlich; der Abstieg nach Ristfeucht und Schneizlreuth ist ohne Probleme.
Höchster Punkt: Ristfeuchthorn, 1569 m; das Gipfelkreuz liegt 3 Meter niedriger.
Einkehrmöglichkeiten: Gasthäuser in Schneizlreuth, Ristfeucht und Melleck.
Sehenswertes: Gipfelrundblick.

Das Ristfeuchthorn führt als Randberg der Chiemgauer Alpen und als etwas unscheinbarer großer runder Buckel eine Schattenexistenz — zu Unrecht. Abgesehen von der Ruhe, die man dort oben noch finden kann, bietet dieser Berg ungewöhnliche Blicke auf die Berchtesgadener Alpen, auf die Loferer und Leoganger Steinberge und den höchsten Berg der Chiemgauer Alpen, das Sonntagshorn.

Blick über Ristfeucht auf Ristfeuchthorn und Wendelberg.

Von Schneizlreuth auf das Ristfeuchthorn: Vom Kirchplatz in Schneizl-reuth geht man am Kriegerdenkmal vorbei den Berg entlang zum Gasthaus „Zur Post". Kurz vor Erreichen desselben auf schmalem Pfad rechts weg zum Bergfuß. Nun steil hinauf in Kehren, bis der Steig flacher wird und sich in nördlicher Richtung durch den steilen Hang zieht. Nach einer guten Stunde biegt der Steig in südwestlicher Richtung um und führt durch ein steiles Stück aufwärts. Nach 20 Minuten erreicht man dann die ehemalige Pfarrerbauernalm (gemütlicher Rastplatz). Hinter dem Jagdhüttchen an-steigend in nordwestlicher Richtung, bis der Steig nach einigen Schwenks auf den Steig trifft, der von Ristfeucht bzw. von Weißbach heraufführt. Nordwärts in einer Viertelstunde zum höchsten Punkt mit Gipfelkreuz.

Der Abstieg: Auf demselben Weg zurück. Oder: bei der Abzweigung nun den Steig rechts hinunter. Der Steig führt bald ziemlich steil abwärts, geht in einen Forstweg über und leitet dann unfehlbar nach Ristfeucht hinab. Dort auf bez. Fußweg entlang der Straße in Richtung Schneizlreuth, unter der Straße hindurch und zum Waldrand, dann ziemlich parallel der Straße und den Müßbach entlang zum Ausgangsort zurück.

49 Weißbachschlucht

Schmaler Steig entlang rauschender Gewässer

Mauthäusl — Weißbachschlucht — Schneizlreuth und zurück

Talort: Schneizlreuth, 511 m, zentraler Ort der gleichnamigen Gemeinde im Talbecken der Saalach; Streusiedlung mit charakteristischer Kirche als Mittelpunkt.
Ausgangspunkte: Ghs. Mauthäusl an der Deutschen Alpenstraße, Kirchplatz in Schneizlreuth.
Parkmöglichkeiten: An den Ausgangspunkten.
Gehzeiten: Mauthäusl — Schneizlreuth

jeweils 1½ Std. für Hin- und Rückweg; insgesamt also 3 Std.
Anforderung: Steig ohne große Probleme.
Höchster Punkt: Ghs. Mauthäusl, etwa 650 m.
Einkehrmöglichkeiten: Ghs. Mauthäusl und Gasthof in Schneizlreuth.
Sehenswertes: Die steil eingeschnittene Schlucht.

Fährt man auf der Deutschen Alpenstraße von Inzell in Richtung Berchtesgaden, so kommt man kurz hinter Weißbach an einer historischen Gaststätte (bereits seit 1587 als solche geführt), dem Mauthäusl, vorbei, die nicht nur zum Bleiben einlädt, sondern auch Ausgangspunkt für eine relativ kurze, dafür aber interessante Schluchtwanderung darstellt. Die Weißbach-

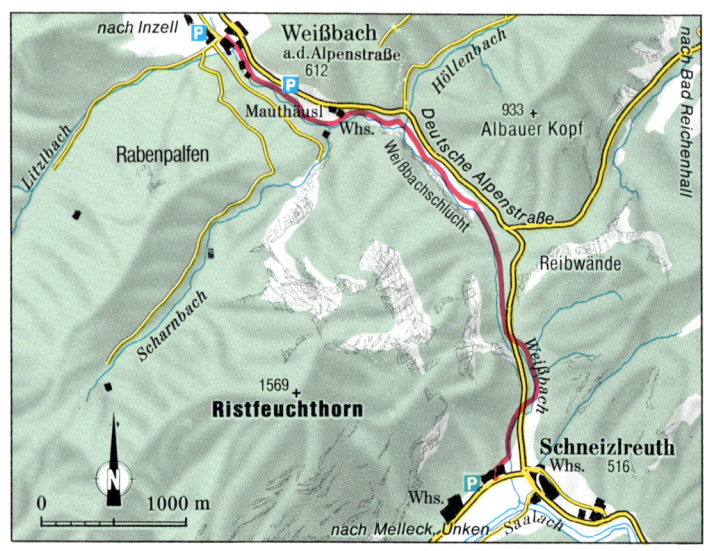

In der Weißbachschlucht.

schlucht, wie sie genannt ist, bietet — kaum daß man das Flachland hinter sich gelassen hat — einen wilden Einstieg in die alpine Landschaft. Der Weg durch die Schlucht ist an den etwas heiklen Stellen gesichert und somit ohne Probleme begehbar.

Durch die Weißbachschlucht: Vom Biergarten des Mauthäusls geht es direkt auf etwas steilen Stufen mit Seilsicherung hinab (man kann die Wanderung auch in Schneizlreuth am Kirchplatz oder schon am Beginn des sogenannten Weinkasers angehen oder auch bereits in Weißbach an der Alpenstraße beim Gasthaus Stabachfall) bis in den Grund der Schlucht — dort trifft auch der Weg von Weißbach ein —, sodann nach links und in beständigem Auf und Ab geht es am tosenden Wasser entlang, bis der Bach in flacheres Gewässer mündet. Am Ende der eigentlichen Schlucht kann man weitergehen — kurz bevor man wieder auf die Deutsche Alpenstraße trifft —, indem man unter der Brücke hindurchgeht und der Beschilderung folgend (Mark. W2) sich bis nach Schneizlreuth leiten läßt. Dort gibt es eine moderne Wallfahrtskirche sowie ein Wirtshaus.

Der Rückweg: Entweder auf dem gleichen Weg zurück oder mit dem Bus vom ehemaligen Gasthaus Hubertus (falls die Fahrplangötter gerade gnädig gestimmt sind) bis zum Gasthaus Mauthäusl.

117

50 Höllenbachalm — Thumsee

Almwanderung abseits der Massenpfade

Deutsche Alpenstraße — Höllenbachalm — Höllenbachsteig — Thumsee — Soleleitungsweg — Nesselgraben — Deutsche Alpenstraße

Talort: Schneizlreuth, 511 m, zentraler Ort der gleichnamigen Gemeinde im Talbecken der Saalach; Streusiedlung mit charakteristischer Kirche als Mittelpunkt.
Ausgangspunkt: Ghs. Mauthäusl an der Deutschen Alpenstraße bzw. Parkbucht an der Höllenbachbrücke (kurz vor der letzten Brücke, wenn man aus Richtung Bad Reichenhall kommt).
Parkmöglichkeiten: Parkbuchten entlang der Deutschen Alpenstraße.
Gehzeiten: Ghs. Mauthäusl — Höllen-

bachalm ½ Std.; Höllenbachalm — Thumsee 1 Std.; Rückkehr entlang der Soleleitung zum Ausgangsort 1¼ Std.
Anforderung: Forststraße und Bergsteig, der Abstieg nach Thumsee erfordert etwas Trittsicherheit.
Höchster Punkt: Am Hochrießl, ca. 900 m.
Einkehrmöglichkeiten: Ghs. Mauthäusl, Höllenbachalm (im Sommer einfach bew.), Ghs. Madlbauer.
Sehenswertes: Blick auf den Thumsee.

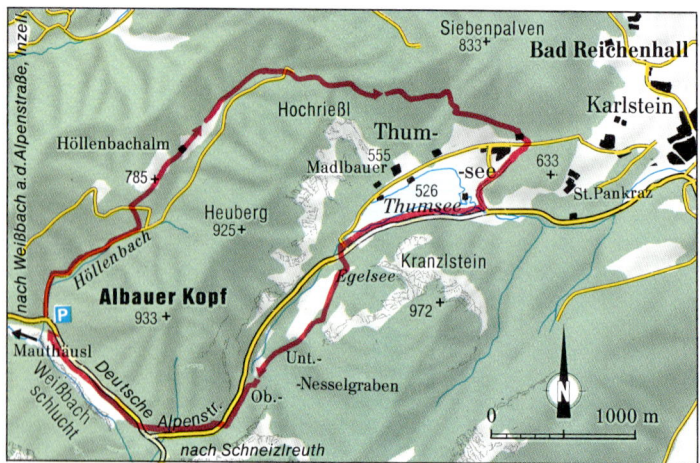

Auf dieser Wanderung berühren wir — hinsichtlich Massenanziehung — zwei sehr unterschiedliche Gebiete: auf der einen Seite die im Wald versteckte Höllenbachalm mit nur wenigen Besuchern, auf der anderen der besonders im Sommer geradezu heimgesuchte Thumsee.

Von der Deutschen Alpenstraße zur Höllenbachalm: Man passiert die Schranke zu Beginn der Forststraße und steigt sanft in nordöstlicher Richtung durch den Höllenbachgraben an. Bei der ersten Wegverzweigung geht man halblinks weiter — immer durch Wald — bis man nach wenigen Minuten auf einen Holzlagerplatz trifft. Nun rechts auf dem hier abzweigenden Almweg (Bez. W 1) etwas steiler hinauf, dann nahezu eben durch Wald, bis man plötzlich die Wiesen der Höllenbachalm erreicht.

Weiterweg zum Thumsee und Rückkehr zum Ausgangspunkt: Auf schmalem Wanderweg (Bez. H 1) leicht fallend durch die Wiesen nach Nordosten, bis man wieder auf die von rechts heraufführende Forststraße kommt. Auf ihr leicht ansteigend zur zweiten, nach rechts führenden Abzweigung, sodann gleich wieder nach links. Höchster Punkt der Tour. Ein kurzes Stück durch Laubwald hinab. Bei der nächsten Wegverzweigung (M 3) nach rechts und etwas steil auf dem Höllenbachsteig hinunter zum Garneiweg oberhalb des Thumsees. Dort auf dem zweiten der nach rechts führenden Fahrwege bis zur Asphaltstraße und zum See. (Man kann auch den ersten Fahrweg nach rechts nehmen und an den Badeanstalten vorbei zum anderen Ende des Sees gelangen.) Nun auf der linken Seite des Sees auf dem Fußweg parallel zur Bundesstraße bis zum anderen Ende. Dort überquert man diese, geht ein kurzes Stück auf der in den Nesselgraben führenden Straße, bis links der ehemalige Soleleitungsweg abzweigt (Mark. M 3); auf diesem hinauf bis knapp vor die sogenannte Wegscheid. Kurz nach Erreichen der Bundesstraße überqueren wir diese erneut und steigen ein kurzes Stück nach links an und nach etwa 10 Minuten wieder ab. Auf der Deutschen Alpenstraße zurück zum Ausgangspunkt.

Herbststimmung am Thumsee.

Stichwortverzeichnis

Die gerade gesetzten Zahlen hinter den Begriffen sind Tourennummern, die in Klammern gesetzten sind Seitenzahlen. Bezeichnungen wie Neue, Untere, Ghs., Whs. usw. sind nachgestellt.

Bad Reichenhall

Die Kur im Alpenklima

Zu jeder Jahreszeit

erfüllt Bad Reichenhall alle Wünsche nach erholsamem Urlaub und wirksamer Kur (Atemwege!). Kurzentrum mit Sole-Hallenbad (32°), Fußgängerzonen, Wanderwegenetz (150 km), Bergbahnen, Kultur- und Unterhaltungsprogramm, Sport (Eislauf-, Tennis- und Schwimmhalle), gepflegte Gastlichkeit, Einkaufsbummel.

Informationen:
KUR- und VERKEHRSVEREIN e.V. · Tel. 0 86 51 / 3003

Buchhandlung
Franz Machata und Irmgard Harbeith

»Die Bücherstube«

Bahnhofstraße 5, 8240 Berchtesgaden
Telefon 0 86 52/6 31 65

Hallo Wander- und Bergfreunde,
Sie finden bei uns eine reiche Auswahl an
Führern, Wanderkarten,
Alpin-Literatur,
Alpine Zeitschriften und Kalender

Ihre Buchhandlung Am Kurgarten

Josef Fendt Inh. E. Grassl
D-824 Berchtesgaden
Telefon 0 86 52 / 22 10

Ein unvergeßliches Erlebnis…

ist die Grubeneinfahrt in das Salzbergwerk Berchtesgaden.
In Bergmannstracht gekleidet, fahren Sie mit der Grubenbahn
weit in den Berg hinein… Gleiten mit einem Floß über einen
Salzsee… Rutschen von Stollen zu Stollen…

Einfahrtszeiten
1. Mai – 15. Oktober sowie an Ostern: täglich 8.30 – 17.00 Uhr
16. Oktober – 30. April: werktags 12.30 – 15.30 Uhr
Besichtigungsdauer: ca. 1½ Stunden
Telefon (0 86 52) 60 02-0

Salzbergwerk Berchtesgaden

Schauen...
erleben...
genießen...

im
Berchtesgadener
Land

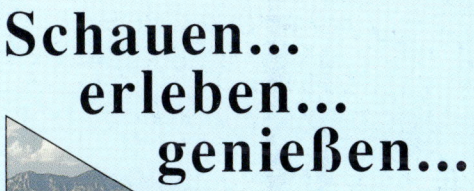

Informationen bei:

Kurdirektion, Tel. 0 86 52/50 11
Schiffahrt Königssee, Tel. 0 86 52/40 26
Salzbergwerk, Tel. 0 86 52/6 00 20
Jennerbahn, Tel. 0 86 52/50 07

Sicher in die Berge – glücklich nach Hause

mit den

Alpenvereinsführern

aus dem
Bergverlag Rudolf Rother

Heinz Steinkötter — Alpenvereinsführer
Brentagruppe
Bergverlag Rudolf Rother · München

Erhältlich zu den Gebieten:

Allgäuer Alpen – Ammergauer Alpen – Ankogel-/Goldberggruppe – Bayerische Voralpen Ost mit Tegernseer/Schlierseer Bergen und Wendelstein – Benediktenwandgruppe, Estergebirge und Walchenseeberge – Berchtesgadener Alpen – Bregenzerwaldgebirge – Brentagruppe – Chiemgauer Alpen – Civettagruppe – Cristallogruppe und Pomagagnonzug – Dachsteingebirge Ost – Dachsteingebirge West – Eisenerzer Alpen – Geisler-Steviagruppe – Gesäuseberge – Glockner- und Granatspitzgruppe – Hochkönig – Hochschwab – Kaisergebirge – Karnischer Hauptkamm – Karwendelgebirge – Kitzbüheler Alpen – Lechtaler Alpen – Lechquellengebirge – Lienzer Dolomiten – Loferer und Leoganger Steinberge – Marmolada-Hauptkamm – Mieminger Kette – Niedere Tauern – Ortleralpen – Ötztaler Alpen – Pelmo/Bosconero – Puez/Peitlerkofel – Rätikon – Rieserfernergruppe – Rofangebirge – Rosengartengruppe – Samnaungruppe – Schiara – Schobergruppe – Sellagruppe – Sextener Dolomiten – Silvretta – Stubaier Alpen – Tannheimer Berge – Tennengebirge – Totes Gebirge – Venedigergruppe – Verwallgruppe – Wetterstein und Mieminger Kette – Zillertaler Alpen

Zu beziehen durch alle Buchhandlungen